JN085790

大学生ミライの信頼性と妥当性の探究

ストーリーで
わかる
心理統計

小塩真司
Oshio Atsushi

ちとせプレス

「心理学で心が読めるんでしょう」と言われたら，
どう答えたらいいんだろう。

目　　次

イラスト　西田ヒロコ

プロローグ

世の中は単純じゃない。
でも人は，あたかも単純であるかのようにそれを見る。
それはこういうものだよ，という発言。
それは違うよ，という断言。
人生の法則を見出したかのような確信。

間違えている可能性があるのに，それはほとんど意識されない。
そういう意識は，常に排除されている。
どれだけ私たちは，楽観的なのだろうか。

それに，私たちには何が見えているのだろう。
本当のことは見えているのか。
統計的な数字の並びは，事実そのものだろうか。

今年，私は本格的に心理学の研究を始めようとしている。
でもまだ，入り口にも立っていない。
統計と心理学……これがいま，私のいちばん関心があること。
それは現実に，どう役立つのだろうか。

第**1**週 ふしぎ

　あんなに満開だった桜は，もう緑の葉に変わりつつある。木々を染めていた淡桃色は，いまはキャンパスの地面をグラデーションのように桃色から茶色に染めている。可憐な桜の花は，色が変わるのも早い。

　私は庭瀬未来。今学期はじめての授業に向かってキャンパスを歩いている。郊外に広大なキャンパスをもつ，愛知県にあるＣ大学の３年生だ。

　また今年も，フレッシュな新入生たちでごった返す季節がやってきた。2年前，私もこういう面持ちで歩いていたのだろうな。いまの私が当時の私の姿を見たら，なんて思うだろう。

「おはよう，ミライ！」

　後ろから明るく，元気な女性の声が聞こえてきた。

「おはよう，あおい」

　振り向きながら答える。彼女は西永あおい。入学直後からの親友だ。

「よっ」

　あおいの横で茶髪の男子学生が手を挙げる。彼は，倉田潤君。

「おはよう。カップルで仲良くそろって登校ね」

　私は倉田君にウインクをしながら言った。

「違う違う。校門のところでたまたま会ったんだよ」

　あおいが頬をふくらませて怒った顔になる。彼女の表情はコロコロとよく変わる。

　私の目と倉田君の目が合った。つい「プッ」と噴き出してお互いに笑い出してしまった。あおいの否定の仕方がおおげさで面白かったから。

「そういうことにしておくね」

私は笑いながらそう言って，2人の横に並んだ。

今日から3年生の日々が始まる。いったい，何が起きるんだろう。

ランチ

「ここならいいんじゃない？」

あおいはそう言って，芝生の上に座った。

今日のランチは，中庭の芝生に座って食べることにした。

「芝生，濡れてない？」

「平気平気」

そう言われて，サンドイッチと紅茶のペットボトルが入った購買部の袋を右手に下げながら，そっと芝生に座る。湿ってないかな……？ あおいの言うとおり，大丈夫そうだ。

「倉田君は？」

あおいに尋ねる。

「春だから，購買部も学生でいっぱいだったじゃない」

「そうだね。すごい人ごみ」

春先は，新入生が同じ時間に押し寄せるので，お昼の時間は食堂もカフェテリアも，食べ物を売っている購買部も学生でごった返す。1カ月くらい経てば，新入生たちも少しずつ時間をずらしたり，昼食を朝に買ってきたりするようになるので，混雑はゆるやかになってくる。それでも混雑することには変わりはないけれど。

「私たちが買ったとき，お弁当もサンドイッチも残り少なかったでしょう。彼，その後に購買部に買いに来たらしくて，品切れ」

「そうだったんだ」

「大学の外のコンビニで買ってからこっちに向かうって，さっき連絡があった」

「倉田君の分も買っておけばよかったかな」

「大丈夫よ。だって，大学の購買部は品揃えが悪いって，いつも文句言ってるんだもん。外のコンビニのほうが食べたいものを買えるんだって」

倉田君が走ってきた。

「ごめん。待たせた？」

「ううん。早かったね」

今日は暖かい。天気のいい日に芝生で友人と一緒にランチだなんて，いかにも大学生って感じかな。

「ところでさ，『カルトマンテ』っていう名前のサークル，知ってる？」

私もあおいも，首を振る。知らない。

「キャンパスの通りで，部活やサークルの勧誘やってるよね。さっきそこを通ってきたんだけど，そのサークルのところにすごい人数が並んでいたんだ」

「何のサークルなの？」

私が尋ねる。

「雰囲気的には，占いっぽいかなあ。顔を見るだけで，相手の性格を当てることができるらしいよ」

「ええ？ なにそれ面白そう。授業後も勧誘，やってるよね。1年生のふりして行ってみようか」

あおいがいたずらっ子のようなウインクをして，そう言った。

ゼミのはじまり

「こんにちは，庭瀬さん」

今年から私たち3年生は，ゼミに配属された。私は社会心理学の江熊トオル先生のゼミ，あおいは文化心理学の入江先生のゼミ，倉田君は臨床心理学の別府先生のゼミだ。

ゼミの授業では，少人数で発表し合ったり，議論し合ったりしながら勉強し，卒業研究に向けて準備を進める。ただ，それぞれの先生で，ゼミの授業の進め方に特徴があるらしい。

これから，はじめての江熊ゼミの授業。授業は火曜の４限目。私の今日の授業はゼミだけなので，少し早めに教室に来た。そして教室に入ったとたん，名前を呼ばれたのだ。

　声がするほうを振り返る。

「奥山先輩」

　奥山タケル先輩だった。会ったのは昨年の夏以来。外見の印象は変わっていない。見た目はとっつきにくそうだけれど，話をしてみると頭の回転が早く，知識も豊富でギャップに驚く。この春に大学院へ進学したと耳にした。

「先輩，大学院に入られたのですね」

「うん。まだまだ大学生活が続くね」

　奥山先輩は微笑んで答えた。

「先輩も，ゼミに参加されるのですか」

「先生の補助のような形でね。よろしく」

「そうなのですね。よろしくお願いします」

　教室は，机がカタカナのロの字に並べられている。イスに座っている学生はまだ３人しかいない。どこに座ればよいのかよくわからず，教室の後ろで並んだ机を眺める。

「どこに座ってもいいよ」

　奥山先輩が言う。そう言われても……困ったなあ。

　私の交友関係は広くない。実験実習の授業で同じグループになった学生は別にして，１学科80人程度の学科とはいえ，授業で見たことがあるけれど，会話をほとんど交わしたことがない学生も多い。そういうものじゃないのかなあ，と思いかけたが，その思いは撤回した。あおいの顔が浮かんだからだ。あおいなら，ほとんどの学生と面識があるだろうな。

　ふと，１人の女子学生と目が合った。彼女とは話をしたことがある。横の席が空いていそうなので，そちらに歩いていった。

「ここ，いいですか？」

「ええ，もちろん」

　小さな顔にクセのある明るい色のショートヘア。ピンク色のフレームの眼鏡がよく似合っている。

「阿川さん，よね」

「ええ。庭瀬さんね。よろしく」

「よろしくね。1年生の実習で同じグループだったよね。でもそのあとは
……」

「そうね。話をするのは，そのとき以来かも」

彼女は，阿川佳代子さん。初対面だとちょっとキツそうな口調に思えるけど，話をしていくとすぐに裏表がなくストレートな性格であることに気づく。その印象も，1年生のときのまま変わらない。

阿川さんの隣の席に腰を下ろす。

かばんからノートとペンを出し，教室の中を見まわす。ロの字に並んだ机のうち，ホワイトボードがある側はたぶん先生が座るんだろうなあ。私と阿川さんはホワイトボードに向かって左側の席。反対側にいるのは……4年生か。顔を覚えている。

昨年の夏休み，私はあおいの家族と一緒に離島ですごした。あおいの親戚が宿を経営しているので，そこで夏休みをすごさせてもらったのだ。ちょうどそのとき，江熊先生をはじめゼミの先輩たちがゼミ合宿に来ていた。奥山先輩もそのときに知り合った……ちょっとだけトラブルめいたことがあったけど。そのときは，もう卒業してしまった高槻先輩に誘われ，少しだけゼミに参加させてもらった。

今年の夏も，ゼミ合宿に行くのかな。

しだいに，座席が埋まってきた。座席のこちら側には3年生，向こう側には4年生。自然と座席の住み分けが起きてくるところが面白い。

4年生は，互いに会話を交わして楽しそうにしている。こちら側の3年生は……みんな緊張している様子。

ガチャ。

扉が開いた。

江熊先生が入ってきた。

列 に 並 ぶ

ゼミの授業後，校舎の前で倉田君と会った。これから，あおいも加わって3人で占いサークル『カルトマンテ』の偵察に行くつもり。

「ごめん，遅くなって」

あおいが現れた。

「教室で話をしてたら思ったよりも時間が経っちゃって」

あおいらしい。

「しっかし，あんな人だかりができてたなんて，どんなサークルだろうね」

あおいが言う。

「すごい美人がいたりして」

倉田君がそう言うと，あおいが「なんだそれ」と返事をした。

「そんな学生がいたら前から話題になってるか」

そんなことを話しながらキャンパスの中を歩いていく。

「ほら，あそこだよ」

倉田くんが指差す方向へ視線を向ける。

教養の授業が行われる教室がある建物の前が，部活動やサークルの勧誘活動スペースになっている。私たちから見て奥のほうが，体育会系の部活動やサークル。手前のほうが，文化系のサークル。それぞれの部活動やサークルには，横幅で長机ひとつ分くらいのスペースが割り当てられている。机を並べて氏名や連絡先の記帳ができるようにしているところや，作品を並べているところ，目立つ衣装を着て通路で積極的に声をかけるところや来るのをじっと待っているサークル，演奏会をしているところもある。

その中で，占いサークル『カルトマンテ』は，少し違った雰囲気をかもし出していた。

よく見ると人々は，おおよそ2つに分かれていることがわかった。ひとつ目の集団は，受付をしようと並んでいる人々。もうひとつは，興味本位でその並んでいる人々や受付をしている様子，またその奥の様子を見ようと集まっている人々。

　私は，あおい，倉田君と「どうする？」と目配せする。倉田君が，「こっちに並ぼうよ」と，視線と口の動きで主張する。私とあおいは頷き，3人で受付をする列に並んだ。

「すごい行列ね。どれくらい待つんだろう」

　あおいが言う。

「そうだよね。どれくらいかわかったらいいのに」

　夜遅くなったらイヤだな，と思いながらそう言った。

「昨日テレビ見てたらさ，リトルの法則っていうのをやってたんだ」

　腕時計を見ながら，倉田君が言う。

「リトルの法則？」

「うん。研究者の名前がついた法則らしいんだけどさ。こういうとき，どれくらい待つかがわかる公式があるんだよ」

「本当に？」

　驚いて少し大きな声を出してしまった。倉田君は少し得意な様子で説明を続ける。

「リトルの公式はね，

待ち時間（分）＝自分より前に並んでいる人数÷1分間で後ろに並んだ
　　　　　　　　　　　人数

という計算式なんだよ」
　「そんな簡単な公式なの？」
　「うん。テレビを見たあとネットで調べたんだけど，本当は……

　　　$L = \lambda W$

こういう数式らしいんだ。“L”が『システムの中にあるものの平均的な個数』，
“λ”（ラムダ）は『平均的な出入りの割合』，“W”は『システムの中で平均的に
費やされる時間』。この式から，時間を求めると，

　　　$W = L/\lambda$

になるってこと」
　「なんだかわかんないけど，私たちがいまいる状態で計算すると，どうなる
わけ？」
　あおいが我慢できなくなって口を出す。
　「ほら，僕らの前に，30人並んでいるだろ」
　数えてみると，たしかにそうだ。
　「ということで，Lが30になる」
　「うん，それで？」
　「さっき腕時計を見ながら数えたんだけど，だいたい1分の間に後ろに2人，
並ぶんだ」
　「だからさっき時計を見てたのね」
　私が言う。
　「そう。ということで，λが2だね」
　「ということは，

$$W = 30/2$$

だから，Wは15ね」

「そうそう。だから，たぶんこの列に並んでいると，15分後に先頭に着くことになるよ。もちろん誤差はあると思うけどね」

「えー？ 本当かなあ」

あおいは疑っている様子だ。

でも倉田君，テレビで見てそこからちゃんと調べたなんて，すごい。

「本当に15分かどうか，賭けようか」「よし，何賭ける？」なんて倉田君とあおいは話をしていたが，会話の中身は途中で世間話に変わっていった。

次が私たちの番。腕時計を見ると，倉田君が「あと15分」と言ってから14分経っていた。

「ねえねえ，見て」

私は，楽しそうに話をしているあおいと倉田君に，腕時計を見せた。あおいの目が大きく丸くなる。

「すごいよ，リトルの法則！」

「だろ」

倉田君，嬉しそうだ。

本当にすごい。次に行列に並ぶ機会があったら，また計算してみよう。

3人で受付の前に来た。

受付に座っているのは背の低い女子学生。魔女のような黒いマントをはおっていて，フレームが太い黒縁のメガネをかけている。髪の毛にはアルファベットのCの文字がついた髪飾り。何年生かは，よくわからない。

「3年生なんですけど，いいですか？」

恐る恐る，私は受付の学生に話しかけた。

「ええ，もちろんですよお。どうされますか？ 占い体験，されますかあ？」。少し甘ったるい受け答えの印象。

「体験できるのですか？」

「はい。体験していただいて，もしも面白そうだと思ったら，ぜひサークル

に入ってくださいねえ。3年生でも4年生でも大歓迎ですよ」

　3人で目配せする。よし，やってみよう。

　「じゃあ，3人，お願いします」

　「はい。では，こちらの用紙にご記入いただけますか？」

　渡された用紙を見ると，氏名に学部と学科，学生番号，年齢，性別，出身地の記入欄。それらの欄に順に記入していく。その下に，「よろしければ連絡先をご記入ください」という欄がある。大学で配布されているメルアドなら書いてもいいかなと考えて，メルアドを記入する。

　「はあい，ご記入ありがとうございました。では用紙はこちらで預からせてもらいますね」

　受付の女子学生は，私たちが書いた用紙を受け取り，後ろに立っていた男子学生に手渡した。

　「占いは，教室で体験していただけるように用意してあります」

　「ここでやるんじゃないのですね」

　「そうなんですよお。ゆっくり体験していただくためには，やっぱり教室のほうがいいですからね」

　彼女は，さっき私たちが記入した用紙を渡した男性から3枚の紙を受け取り，私たちのほうを向いた。机の上に，3枚の紙が置かれる。

　「この用紙に教室番号が書いてあります。えっとお，庭瀬さんが132教室，西永さんは133教室，倉田さんは134教室ですね」

　どの教室も小さめで，語学やゼミの授業用の部屋だ。

　彼女は机の上においてある目覚まし時計を手にとった。

　「そうですね，たぶん，前のかたがまだ体験されていると思います。131教室が待っていただく部屋になっていますので，いったんそこでお待ちいただけますか？」

　私は，あおいと倉田君の顔を交互に見た。

　「どうする？」

　「行くしかないでしょう」

　あおいが言うと，倉田くんも頷いた。

　131教室は，サークルが受付をしている裏手の建物の3階にある。

私たちは，そこに向かって歩いていった。

┃ 体　　験

　131 教室の中は，何の変哲もないゼミ室だった。長机がロの字に並んで，そのまわりをイスが取り囲んでいる。ホワイトボードには「しばらくお待ちください」と，黒い文字が並んでいる。

　机の上を見ると，占いサークル『カルトマンテ』のチラシが置いてあった。1 枚，手に取る。あおいと倉田君も紙を覗き込む。

　「この占いサークルは，大学創立間もない頃からあるみたいだよ」

　チラシの『サークルの歴史』が書かれた部分を見ながら言った。

　「古いんだね」

　「でもさ，自分たちが入った年，こんなに行列ができていたっけ？」

　そういう記憶はない。ここまで学生が並んでいれば，新入生の目にも目立って見えていたことだろう。

　「ほら，ここに書いてあるけどさ」

　倉田君が指をさしながら言う。

　「ずいぶん前から，外部の顧問を招いて勉強会を開いているんだって」

　そこには，サークル員がプロの占い師らしき人からレクチャーを受けている写真が掲載されていた。

　「ここに名前も書いてあるよ」

　倉田君の指先の文字を見る。

　「舞亜矢……まあや，って読むのかな」

　「そう読めるね」

　「最近，よくテレビに出ている人じゃないかな」

　あおいが言う。

　「本当？」

　「うん。芸能人の性格を当てたり，占ったり，マジックみたいなことをしたり。面白いよ。ミライはテレビを見ないの？」

私は首を横に振る。テレビは，あまり見ない。

「オレはそういう番組はあんまり好きじゃないけど，テレビに出ているのは知ってるよ」

倉田君も知っているらしい。知らないのは私だけのようだ。

「そんな有名人が，このサークルに教えに来てるんだね」

「だから，あんな行列ができてたってことか」

行列の理由は，ここにあったのか。

廊下に足音がして，扉が開いた。女子学生の声。

「お待たせしました。それぞれの部屋にお入りください」

扉から出て，向かう教室のほうへ折れる。ふと，視線を感じる。廊下の向こうへ目をやると，阿川さんがこちらを向いていた。

目が合う。遠くて表情はよく見えないけど……困った顔？

「阿川さん，列に並んでいたっけ」

「え，何？ 何か言った？」

あおいのほうを見て，「ううん，なんでもない」と首を振る。

隣の 132 教室の扉を開ける。あおいたちに「じゃあね」と手を降った。

少し緊張しながら，教室に足を踏み入れる。

「お邪魔します」

何て言っていいのかわからなかったので，とりあえずそう言ってみた。

「どうぞ，こちらへ」

黒いタキシード，襟の小さな白いシャツに黒い蝶ネクタイ。マジシャンのような格好をした男性が，イスに向かって左手を伸ばしていた。

促されるままに歩いていき，イスに座る。男性は，テーブル挟んで向かい合わせに座った。

「内藤と言います。お名前を教えていただいてもいいですか」

「庭瀬といいます」

「庭瀬さんは……1 年生ではありませんよね」

「はい。3 年です」

「やっぱりそうですか」

「内藤さんは……」

「あ，僕は大学院生です。経営学を専攻しています」

どうりで，落ち着いた雰囲気だと思った。

「このサークルは，占いサークルなのですよね」

「占いだけではなく，いろいろなことを行いますね。サークルの名前は『カルトマンテ』といいます」

「どういう意味なのですか？」

「カルトマンテはイタリア語で占い師という意味のようです。イタリア語は学んだことがないのでくわしくは知らないのですが」

「イタリア語ですか」

「そうです。占いによく使うタロットカードがありますよね。その発祥の地がイタリアだと言われています」

堂々としていて，かつ嫌味のない，落ち着いた話しぶりだな，と感じる。

「じゃあ，内藤さんもタロットカードの占いをされるのですか？」

「いいえ。私はやりません。占いで使われるツールは結局，本質ではないのです」

「本質ではない？」

「はい。本当に必要なのは洞察力です。カードや水晶球，手相を見たり人相を見たり，名前を見たり，星座を見たりコインを投げても，すべては洞察力を助けるためのツールにすぎません」

「それって，超能力のような？」

「それを超能力と言えばそうかもしれませんね。普通の人から見れば超能力のように見えるときもあります」

「超能力のように見える……」

「超能力は言いすぎですね。このサークルでは洞察力を高める訓練をすることで，相手の本質を見抜こうとしている，ということですね」

座った相手の本質を見抜く，か。まるで超能力だ。でも……私は心理学科の学生だ。心理学が相手の心を見抜く学問だと誤解している人は多いけれど，心理学科の授業の中では，面と向かって座るだけで相手の考えていることを理解することなんてできない，と教わってきたのに。この人は，それができると言

う。

「じゃあ，私のことも見抜けるのですよね」

「ええ。やってみましょうか」

内藤さんは私に向かって目を閉じた。数秒して目を開ける。私と再び目が合う。

「もしかして，弟さんって，いませんか」

翔太の顔が浮かんだ。

「います。翔太……」

「翔太さんというのですね」

「はい」

「翔太さんとは，仲がよくありませんか」

「そうですね。仲はいいほうです」

「時にはケンカをするときも」

翔太の顔が思い浮かぶ。

「はい。小さいときはかわいかったんですけど，大きくなると意見が合わないこともあります」

「弟さんも大学生……いや，高校生ではありませんか」

「どうしてわかるんですか」

「まあ，なんとなくです」

なんとなくで，そこまでわかるのだろうか。

「いま庭瀬さんは，一人暮らしではありませんか」

「はい。そうです」

なんで当たるんだろう。

「最近，不安に思うことはありませんか。どうも庭瀬さんのまわりに，不安につながりそうな雰囲気が漂っているもので」

「いえ，とくにそういうことは」

「そうですか。でも，よく考えてみてください」

不安……強いていえば，ゼミのことかな。

「ゼミに配属されて，これからちゃんと研究していけるのかは不安ですね」

「やっぱり，不安なことがありましたね」

これも当たり……か。でも，不思議だな。

「どうして不安そうだとわかるのですか」

私は尋ねてみた。

「庭瀬さんは鼻筋が細い印象ですからね。顔の中に細い線があるのは，神経質な人の特徴です」

「そういう理論があるのですか」

「ええ。顔を見ると，相手の特徴がある程度わかるものですよ」

「面白そうですね」

「ぜひ庭瀬さんも，学んでみてください」

「え，いや……」

自分が心理学科の学生だということを言うべきかどうか，迷った。

「では，今日はこのあたりでやめておきましょうか」

内藤さんはそう言った。少しほっとした気分になる。

「どう思われましたか？」

「思っていたよりも，当たるものなのですね」

私は正直に答えた。

「もし興味をもっていただけたら，いつでもサークルに来てみてください」

彼はそう言うと，待っていた部屋にあったのと同じチラシを手渡した。

私は部屋を出た。何か釈然としないけれど，言われたことはよく当たっているように思う。

あおいに倉田君は……廊下の奥を見ると，あおいが手を振っていた。

「ねえ，夕ごはん食べに行こうよ」

あおいが言う。

「カフェテリアなら夕方もやってるよね」

あおいの意見を採用し，3人でカフェテリアに向かう。外はもう薄暗い。

「あれ？」

カフェテリアに向かう途中のベンチに座っている，阿川さんの姿を見かけた。

「庭瀬さん」

阿川さんから声をかけてきてくれた。

「ねえ阿川さん，これから一緒に食事に行くんだけど，阿川さんもどうかな」

「一緒に行ってもいいの？」

阿川さんは，あおいと倉田君のほうを見ながら言う。

「もちろんよ。ぜひ一緒に」

あおいがにこやかに答える。

昼間は混雑しているカフェテリアも，夕方は理系の学生や大学院生が中心になるので空いている。私たち4人は，カフェテリアに入っていった。

謎のまま

食事をプレートに乗せ，窓際の席に座った。

あおいは以前ある授業で，阿川さんと同じグループになって発表したことがあるらしい。

「オレは，話をするのははじめてだね。よろしく」

倉田君が笑顔で話しかける。

「ええ。よろしく」

私たちは，心理学科の先生や授業のことを話題にしながら，食事をした。

さっきカルトマンテの占い体験の前，阿川さんの姿を見た。そのことがずっと気になっていたので，聞いてみることにした。

「占いサークルの体験ですれ違ったよね。阿川さんも，占いの体験をしたの？」

少し間があった。

「ちょっと興味があったから」

阿川さんは頷きながら答えた。

「庭瀬さんは，どうだった？」

質問しようとしたところで，先に阿川さんのほうから尋ねられてしまった。

「占いというよりは……面と向かって次々といろいろなことを当てられた，と言ったほうがいいかな。弟のこととか，一人暮らしのこととか」

阿川さんは「へえ」という口の動きをした。

「私は手相を見られたけど，ありきたりなこと言われただけで『ふーん』っ

て感じだったよ」

あおいはそう言った。

「オレは星占いだったな。あんまり面白くなかった」

倉田君はそう言った。2人とも，あまり印象的な体験ではなかったようだ。

「相手は，どんな人だったの？」

阿川さんは私に訊ねた。

「えっと……内藤さんって言ったかな」

「私と同じね」

阿川さんも私と同じ人に占ってもらったんだ。

「阿川さんはどんな内容だったの？」

あおいが尋ねる。

「私は，未来について見てもらったの」

「阿川さん自身の？」

私は阿川さんに尋ねた。どんなことを言われたんだろう。

「私から未来について見てほしい，と頼んだわけじゃないんだけどね。『何か悩んでいることはありませんよね』と言われて，たしかにちょっと気になっていたことがあったものだから，頷いたの」

「まず，それが当たったんだね」。あおいが言う。

「そう。それで，『やっぱり何か悩んでいることがあるのですね』と言われたものだから，アルバイトのことで悩んでいると答えた」

「そうしたら，その悩みがどうなるかを言われたのかな」。私が言った。

「そうね。『悩みが顔に出ていますよ』と言われたの。もちろん，悩んでいるようなそぶりを見せないようにしていたつもりだったんだけどね」

「でも，本当は悩んでいた」

あおいが言う。

「ええ。アルバイトで少しいろいろなことがあって，最近はたまにそのことを考えていたものだから。とはいっても，そこまで深刻に悩んだりしていたわけでもないの」

阿川さんは，少しうつむき加減にしながら，そう言った。

「そこで，将来がどうなるかを言われたんだね」

倉田君が少し身を乗り出して言う。興味がありそうだ。

　「そうなの。『きっとその上司の人とはうまくいきますよ』と突然言われて。そのことに，ちょっと驚いてしまって」

　アルバイトの話が出ていたとしても，いきなり『上司』という言葉が出てきて，思い当たることがあったら，驚いてしまいそう。

　「それから『友達が鍵になりそうですね』とも言ったの。どういうことなのかはよくわからないんだけど，私の友達が解決の役に立つのかな」

　「誰か思い当たる人はいるの？」。私が尋ねる。

　阿川さんは首を横に振る。問題を解決してくれそうな友達は，思い当たらないようだ。

　「もしかしたら，私たちだったりして」。あおいが微笑みながら言う。

　「うん。そうかもしれないよ」。倉田君も同意する。「でも，もしそうだったら，予言が当たったみたいになっちゃうから，ちょっとイヤだけどね」

　阿川さんはたいした悩みではないと言っていたけれど，言われた言葉に反応したということは，きっとけっこう悩んでいるんじゃないかな。倉田君が言うように，カルトマンテの内藤さんの言葉どおりになってしまうのは気になるけれど，私たちが阿川さんの助けになれるのならいいな，と私は思った。

　「でも，どうして悩みがあるって当たったんだろうね」。あおいが不思議そうに言う。

　「カルトマンテの内藤さんって，大学院の経営学専攻だって言っていたわ」。さっき聞いた情報を，みなに伝える。「そういう研究って，こういう占いみたいなことにも関係あるのかな」

　私がそう言うと，しばらく沈黙が流れたあと，あおいが「ぷっ」と吹き出した。

　「ミライ，そんなことあるわけないじゃん」

　「やっぱりそう思う？　そうだよね」。私も笑いながら答える。

　結局，今日の体験の謎はわからないまま話題は他に移り，その日はカフェテリアをあとにした。外は，すっかり暗くなっていた。

第2週　きょうつう

翌週。

4月半ば。春だというのに，まだ肌寒い日が続いている。キャンパスの木々の葉は，まだまばら。太陽の恵みを浴びるのはこれから，というスタンバイ状態。

4限目にゼミがある。課題の論文を読むために，朝から図書館で勉強するつもり。

中央図書館の入り口をくぐり，催し物や展示物のポスターを横目で見ながらゲートに近づく。学生証をかざすとゲートが開き，通過できる。

私は階段を登り，2階に向かった。そこなら静かに勉強できる机がある。

階段を登り切ったあたりで，「庭瀬さん」と声をかけられた。

本棚の陰から顔を出した女子学生と目が合う。

「菊原さん」

同じ江熊ゼミの3年生，菊原美咲さんだった。

「庭瀬さんも勉強？」

「ええ。今日のゼミの論文を読もうと思って」

「私もよ。だって，今日の発表，私だから」

そうだった。最初の発表は，菊原さんだった。

「準備は終わったの？」

「ええ。昨晩，発表資料も作ったわ。でも最初だから，ものすごく緊張しているの」

「その気持ち，すごくわかる」

「ねえ，奥の机で，少し話をしない？」

「ええ，もちろん」

　私は菊原さんが使っている向かいの机に荷物を置き，イスに座った。菊原さんも座る。肩までかかるストレートヘアが，動きに合わせて優雅に動いた。

「菊原さんとこうして話をするのは，はじめてね」

「そうね」

　菊原さんは，ふっと微笑んだ。魅力的な笑顔。スタイルもきれいだし，服装もスタイリッシュ。雑誌から出てきたみたい。

「菊原さんって，スタイルがいいわね。モデルみたい」

　一瞬，笑顔が消え，菊原さんの目が大きくなり，再び魅力的な笑顔が復活した。

「じつは，オーディションを受けたりしているの」

「オーディション？」

「そう。雑誌とか，CMとか」

「すごい。雑誌に載ったことがあるのかな」

「雑誌はほんの少し。チラッとしか出たことはないわ。CMだと，最終選考まで残ったことはあるけれど，採用されたことはないの」

それでもなんだかすごい。同じゼミにそういう活動をしている同級生がいる
だけで，なんだかこっちまですごい人になったみたいに思えてくる。
　「芸能事務所なんかに所属しているの？」
　「モデルが中心の事務所ね。そこで紹介されるオーディションを受けに行く
んだけど，まだまだぜんぜん」
　そうなんだ。話を聞けば聞くほど，自分には縁のない世界の話を聞いている
ようで，すごい。
　「いまの事務所にはスカウトされたの？」
　ちょっとあれこれ聞きすぎかなと思いつつ，尋ねてみる。
　「高校生のときからモデルになるのが夢だったの。姉が読んでいたファッシ
ョン雑誌を見てあこがれて。ずっとやりたいって思っていて。それで，大学に
入学したのと同時に履歴書を送ったの」
　そうなんだ。積極的な性格だなあ。
　「反対されなかった？」
　「お母さんやお父さんに？」
　「そう」
　「じつは内緒なんだ」
　先週，ゼミでの自己紹介のとき，菊原さんは北海道出身だと言っていた。こ
っちに出てきて内緒でそういう活動をしているということか。
　「ねえ，そういう事務所やオーディションって，何か危ない目にあったりす
ることはないの？」
　芸能事務所に所属することを名目に騙したり，受かる見込みもないオーディ
ションを次々と受けさせてレッスン料だけをとったりすることがあると，以前
何かで読んだことがある。
　菊原さんは私の心配を打ち消すように笑顔になった。
　「そういう話も聞いたことがあるわ。人を集めて，オーディションのために
レッスンをすると言って高額のレッスン料を集めているっていう話。でも，私
が所属している事務所では，いまのところそういう場面を見ていないの」
　「良心的な事務所なのね」
　「そうね。たまたまそういう事務所に履歴書を送ったっていうのは，運がよ

かったのかも」

　そうなんだ。よかった。

「ねえ，オーディションって，どんなことをするの？」

　自分がそういうことをするつもりはないけれど，興味はある。

「だいたい，一次審査が書類選考ね。これで大半の応募者が落とされるの。二次審査で面接をしたり，自己アピールをしたり。何のオーディションかにもよるけど，歩いてみてって言われたこともあるわ」

「へえ。そうなんだ」

「庭瀬さんも興味津々ね」

　本当にそういうところを受けに行っている人の話を聞いたのははじめてなので，身を乗り出して菊原さんの話を聞いている自分に気づいた。姿勢を直す。

「でも，何が基準になっているのかよくわからないなって，疑問に思うときもあるのよね」

「やっぱり，審査員の印象かな」

「そう思うでしょう。でも，印象って，すごく曖昧なものじゃない？」

「それはそうよね。そのときの雰囲気で変わっちゃいそう」

「そうなの。合格するかどうかの基準がわからなくて，納得がいかないことも多いのよね」

　もしかしたら，審査員の印象次第で，オーディションを受けに来た人の人生が大きく変わってしまうこともある。そう思うと，菊原さんの「納得がいかない」という言葉もよくわかる気がする。

　モデルの仕事やオーディションの体験談を聞いていたら，お昼近くになってしまった。あわてて論文を読み始め，昼食も論文の内容を確認しながら菊原さんと2人で食べた。

　昼食後，菊原さんと別れて図書館に行き，論文の内容をもう一度確認した。

　これできっとゼミは大丈夫……かな。

カフェテリアで

　ゼミの授業が終わったとき，甘いものでも飲みたくなった。1人でカフェテリアへ向かう。

　「頭を使いすぎたから，栄養補給ね」

　カフェテリアの入り口から入ると，「こんにちは。元気？」と声がする。カフェテリアで自動販売機の掃除をしていたおばちゃんが，こちらを見て笑っている。

　「市川さん，こんにちは」

　カフェテリアで働く市川さんは，見かけではまったくわからないが，じつは合気道の先生でもある。倉田君が小さい頃，道場で教えてもらっていたそうだ。

　「温かいカフェオレはどう？ 今日も寒いから，あったまるよ」

　「カフェオレ，おいしそう」

　自動販売機にお金を入れてボタンを押すと，紙コップがカタンと落ちる音がした。

　甘い香りを楽しみながら，窓際の席に座る。ほっとしながら温かいカフェラテを手に包む。

　「お疲れさま」

　ふと顔を上げると，江熊先生だった。

　「先生」

　「ゼミが終わって，一息ついているのかな」

　先生はにこにこ微笑みながら，缶コーヒーを片手に立っている。

　「僕も授業が終わったから，コーヒーでも飲みながら休憩しようと思ってね。ここに座ってもいいかな」

　「もちろんです」

　先生はテーブルの向かいの席に座る。

　「今日のゼミはどうだった？ いや，もう勉強の話はしたくないか」

　先生と直接，勉強の話ができるなら，こんなにいいことはない。

　「いいえ。今日の論文も，とても勉強になりました」

「それはよかった」

先生はコーヒーの缶を口に運ぶ。

「新しい学年はどう。何か面白いことはあったかい」

これまで，先生との会話の中でいろいろな問題が解決してきたことを思い出した。

「先生，カルトマンテっていうサークルがあるのを知っていますか」

「カルトマンテ。もしかして，占いのサークルかな」

「はい。先生もご存じなのですね。今月のはじめ，新入生の勧誘の時期がありましたよね。あのときも，たくさんの人を集めていました」

「へえ。それはまったく気づかなかった」

大学の先生にとっては，そういうものなのかな。

「この大学のサークルや部活が何をやっているか，あまり興味がないから。そんなに大盛況だったんだ」

「先生は，占いに興味がありますか。占いって，本当に当たるのでしょうか」

江熊先生は「ん？」と言って，コーヒーの缶を口に運ぶ。

「大学で心理学を教えていると，そういう質問をよくされるものだね。なかなか答えるのが難しい質問のひとつだ……」

そうか，あまり聞いてほしくない質問だったのかな。

「占いと心理学って，似た部分もある」

先生は話しはじめた。

「今日のゼミの中で，論文を読んだね」

今日のゼミの中で菊原さんが紹介した論文を思い出そうとした。

「楽観性の心理尺度を作成する論文でした」

「そう」

「楽観性の定義を覚えているかい」

発表の中で出てきたはず……なんだっけ。

「えっと，将来に肯定的な出来事が起きると期待する傾向，だったでしょうか」

「そう。そういう期待をする考え方や認知の仕方，それらを総称して楽観性という」

よかった。当たっていた。

江熊先生は続ける。

「じゃあ，この楽観性は，目に見えるかい」

見える？まさか。見ることはできないよね。首を横に振る。

「できないよね。楽観性は概念だ」

概念……なんとなくわかるけれど，よくわからない。

「さっき言ったように，これからなんだかわからないけれども，いいことが起きそうな気がする。そんな考え方や認識の仕方や期待をもつことがある。その，なんとなくの傾向に名前をつける。この場合，この心理的な動きに『楽観性』という名前がつけられている」

「そうなると，楽観性は目に見えてくるような気がします」

「たしかにその気持ちはわかる。でも，目に見えるのは『楽観性』そのものではなくて，ひとつひとつの行動じゃないかな。ある人が『明日はいいことが起こりそう』と発言することとか，『自分は運がいいほうだと思いますか』という質問に『はい』と回答するとか，将来のことをあれこれと思い悩まずに『なんとかなるよ』と独り言をつぶやく姿を目撃するとか」

たしかに先生に言われてみると，私たちが見ることができるのは楽観性そのものではなくて，その人が楽観的に振る舞っている様子だと言えるのかもしれない。

「見えるのは行動なのですね」

先生は頷く。

「心理学というのはよく，行動の科学だとか，行動を研究の対象とすると言うことがある。たしかにそれは正しくて，心理学で観察の対象になるのは行動が中心だ」

「思ったり考えたりすることが，心理学の研究対象ではないのですか」

私は少し疑問に思ったので尋ねてみた。

「もちろん，思ったり考えたりすることも研究の対象だ。でもそれは，その人がどう思うのか，どう考えるのかを尋ねて，回答してもらわないとわからない。思ったり考えたりしていることを口に出して答えてもらうのも行動だし，文字として書いてもらうことも，アンケートに答えて丸をつけてもらうのも，

コンピュータの画面を見せてボタンを押してもらうのも行動だ」

「思っているだけのことは，研究の対象にならないということでしょうか」

「1年生の授業のときに，『心理学科に入学した』と言うと，よく『じゃあ私の考えていることを当ててみて』と聞かれることがあるという話をしたことがある」

たしかに，1年生のとき最初に受講した講義で，江熊先生がそんな話をしていた記憶がある。

私は頷き，先生が続ける。

「ただし『考えていることを当てる』というのは，あながち間違っているわけでもないんだ」

「そうなのですか？」

「それは相手の行動を観察したり，面接をしたり，アンケート調査に答えてもらったりすれば，だけれども」

「行動を観察すれば，ということですね」

先生は頷いた。

「そういうことだよ。黙って座っている相手の考えていることはほとんどわからない。まあ，座って黙っているだけの人でも，脳波とか心拍数とか皮膚電気反応とか唾液中のストレス物質とか，何かを測定していれば，そこから何かを推測できる可能性はあるかもしれないけれど」

「測定が必要ということですね」

「でもね。占いでもタロットカードを使ったり生年月日を見たり，手相を見たり顔を見たりする。これも観察や測定じゃないかな。そして，この人がどんな性格なのかとか，何を考えるのかとか，どんなことをしそうなのかとか，そういうことを推測するのは，占いでも心理学でも同じだ。だから，同じようなものだと思われてしまうのかもしれない」

占いと心理学との間には，ずいぶん共通点があるように思える。

理由を知りたい

　私は，先週のカルトマンテでの出来事を思い浮かべていた。

　「でも，占いと心理学が同じだと考えられてしまうのは，やっぱりイヤです」

　「どうしてかな」

　「心理学は大学で自分が学んでいる学問です。それが占いと一緒にされるのは，何か納得がいかなくて……」

　「占いは人類の長い歴史とともに，ずっと行われてきた文化なんだけどな」

　「文化，ですか」

　「占いというのは，人間の心の中の状態や将来起こること，過去に起きた説明できないような出来事について，なんとか説明を加えようとしてきた先人たちの工夫だよ」

　「説明しようとしてきた工夫，ですか」

　「そう。予想外に天候不順が続くかもしれないし，突然病気になってしまうかもしれない。ある家族に不幸な出来事が連続して起きるかもしれない。豊作に凶作，幸に不幸。それはいまでも誰の身にも起こりえることだ」

　先生の言うとおり，いつ自分の身や家族に不幸が生じるかはわからない。

　「そういうときに，何かの理由をつけたくなってしまうのが，人間というものなんじゃないかな」

　「自分の家族に不幸が起きれば，何か原因があったんじゃないかと考えてしまいそうです」。私は，もし自分の身に何かあったら，と想像しながら言う。

　「たまたまそうなったと考えて納得することは，僕たちはとても苦手だ。何か理由があったのではないかと考えてしまう。地震が起きても，ものを盗られても，普段の行いが悪いからだと，つい考えてしまう」

　犯罪の被害者に向けられる非難も，それと似たことだろうか。

　「先祖の行いが悪いから自分の人生に不幸が起きる，出かける方角が悪いから不幸が生じる，ラッキーなアイテムをもっているから不幸を回避することができる。出来事に理由をつけるひとつの方法が，占いや心霊というシステムじゃないかな。これは僕の勝手な解釈だけどね」

「占いが納得できてしまうのも，そのことが理由でしょうか」

「さっきも言ったみたいに，僕たちは，何でもいいから理由があると納得してしまう傾向がある。たとえその理由が，荒唐無稽なものであっても」

「理由になっていなくてもいいのですか」

荒唐無稽な理由……本当に，私たちはどんな理由でも納得してしまうのだろうか。

「そういえば昔，社会心理学者が頼みごとをする実験を行ったことがある」

「頼みごとの実験ですか」

「そう。まだコンピュータが普及するずっと前の実験だ。当時は試験期間になると，多くの学生が本やノートをコピーするためにコピー機の前に並んでいた。その図書館のコピー機に並んだ人たちに対して，実験を行う」

「どんな実験なのですか」

「並んでいる人たちの前に割り込むんだ」

列をなしている人たちの前に割り込む……腹を立てて抗議する人たちの様子が想像された。

「割り込まれた人たちは怒ったりしないのですか」

「その実験では，3つの条件が設定されていた」

先生はポケットからボールペンを取り出し，テーブルの端に置かれている入れ物から紙ナプキンを取り出した。

条件A：急いでいるので先にコピーさせてもらえませんか？

条件B：先にコピーさせてもらえませんか？

条件C：コピーしないといけないので，先にコピーさせてもらえませんか？

「列に割り込むときに，どんなセリフを言うかで3つの条件に分けられる。庭瀬さんなら，どの条件のときにコピー機を使うのを譲ってもらいやすいと思うだろう」

紙ナプキンに書かれた文字を見ながら，頭の中で想像してみた。急いでいるので，と理由が伴えば，より多くの人が譲ってくれそう。先にコピーさせてもらえませんか，というお願いだけではなかなか譲ってもらうのは難しいだろう

な。コピーしないといけない，というのは理由になっていないような……。

「いちばん譲ってくれそうなのは，Ａですよね。Ｂは譲ってくれなさそうです」

「うん。たぶん，この実験を行った研究者も同じように予想していただろうな」

私は頷く。

「Ｃはどうかな」。先生は尋ねる。

「それは……理由になっていないと思います」

「うん。そうだね。コピーしないといけないからコピー機を使わせてくれ，というのは，ただそうしたいからということを繰り返しているだけだ」

「はい」

「でもこの研究では，ＡとＣで譲ってくれた比率はほとんど変わらなかった」

「そうなのですか」

「僕たちは，理由っぽいことが述べられれば，納得してしまうのかもしれない。『なぜなら』とか『……だから』とか，その内容がなんでも」

「顔の形で性格がわかる，というのもそうでしょうか」

「顔の中で太い輪郭があると，おおらかな気質とかね」

私は先生のセリフを聞いて驚く。カルトマンテの内藤さんに，顔の中に細い線があるから神経質だと言われたのだった。

「先生は，そういうことにもくわしいのですか」

私は尋ねた。

「いやいや，何冊か本は読んだことはあるが，くわしくはない。まあ，それも人間の気質とか性格とか，よくわからないものに対するひとつの説明の方法だ。僕たち人間が長い歴史の中でずっと考えて，よくわからないものをなんとか説明しようとしてきたひとつの結果だと思う」

当たっているのか

先生は「結果」と言ったが，それは何だろうか。

「ひとつの結果，ということは，その考え方が当たっているということを意味するのでしょうか」

　私は質問した。先生は，それが当たっていると考えているのだろうか。すると先生は次のように答えた。

「『当たる』が何を指すのかによる」

　予想外の答えが返ってきたので，少し驚いた。

「何を指すかによる……」

「そう。もしも『あなたは顔の輪郭がこうだから，おおらかな人ですね』と言われたときに，『当たっている』と感じるのであれば，それはひとつの回答だ」

「はい。自分でそうだと思っていることを指しますから」

「でも，自分に当てはまっていることは，『当たっている』ことを意味するのだろうか」

　どういうことだろう……自分で当てはまっていると思うのだから，当たっていることに違いはないのではないだろうか。

「顔の輪郭が太いか細いかという2グループ，気質がおおらかなのか神経質なのかという2グループがあるとしよう。それぞれについてどちらのグループも，人々のうち半分があるグループに属していて，もう半分が別のグループに属している」

　私は何人か知り合いの顔を思い浮かべた。あおいはなんとなく輪郭が太い印象かな。倉田君はどうだろう。細いのかな。

　先生は続ける

「そして，この2グループを組み合わせてみる。輪郭が太くておおらか，太くて神経質，輪郭が細くておおらか，細くて神経質，という4つのグループができる」

「はい，組み合わせるとそうなります」

「2かける2の組み合わせは，平面に配置するとわかりやすい」

　先生はそう言うと，紙ナプキンに縦と横の線を描き，4つの組み合わせた部分それぞれに言葉を書き入れた。

```
                    気質
        太い            細い
        おおらか         おおらか
    ────────────────┼────────────────  輪郭
        太い            細い
        神経質          神経質
```

　「縦軸が気質で横軸が顔の輪郭を表す。縦軸は気質じゃなくて性格でもパーソナリティでもかまわない。いまはその問題には触れないでおこう」

　「上のほうに行くとおおらかで，下のほうに行くと神経質。右に行くと輪郭が細くて，左に行くと輪郭が太いということですね」

　「そうだ。この図だと，きっちり4つのグループに分かれているように見えるけれど，実際には輪郭が細くも太くもない人はたくさんいるし，気質がおおらかでも神経質でもない人もたくさんいる。平均とか中央値とかでグループに分けてもいい。とりあえずその問題についても，触れないでおこう」

　この話をするときにも，いろいろと考えておかなければいけないことがありそうだ。

　「そういえば以前，『無関連』について説明したことがあったね」

　私は，1年生のときの先生との会話を思い出していた。たしか，血液型と性格に関連がないというのはどういうことを指すのかということを，先生に教えてもらった。

　「はい，覚えています」

　「この図だと，どういう状態のことを無関連というかな」

　「4つのグループが，だいたい同じ人数になるとき，です」

　「そのとおり」

　先生はそう言うと，図の中に人数を書き込む。

気質

25人　太い　　　　　　細い　　25人
　　　おおらか　　　　　おおらか

――――――――――――――――――――輪郭

　　　太い　　　　　　　細い
25人　神経質　　　　　　神経質　25人

　「もしも全体で 100 人がいるなら，関連がない状態というのは，4 つのグループそれぞれにだいたい 25 人ずつ含まれる場合になる」
　「人数が均等になるということですね」
　「そう。でも，もしも庭瀬さんの顔の輪郭が細くて，神経質だったら」
　「私はここに入ります」
　私は，図の右下を指さしながら言った。
　「庭瀬さんは顔の輪郭が細いから神経質だ，と言われた。ということは，庭瀬さんにとってこの顔占いは『とても当たる』ことになる」
　「はい。私は占い師が言うとおりの人だということです」
　「では，全体を見たときに，この占いには法則があると言えるだろうか」
　「どの組み合わせも同じ人数なのですから，法則があるとは言えないと思います」
　「でも，この占い師はきっとこう言う。『あなたには当てはまったじゃないですか』とね」
　「でも……」
　「何かな」
　「でも，やっぱりおかしいですよ。コインを 2 枚投げるのと同じですから」
　「10 円玉の裏と表が顔の輪郭で，100 円玉の裏と表がおおらかか神経質か，だとすれば，2 枚のコインを投げると組み合わせはおおよそ 25％ずつになる」
　「偶然の組み合わせと同じなのですから，『関連はない』ということになります」
　「そうなる。でも何と言おうと，占い師は『当てはまる人がいるのですから問題ないのです』と答えそうだ」

「そんな……」

　先生は楽しそうに微笑みながら，冷えてしまったように見える缶コーヒーを口にもっていく。

　「さっき言ったよね。占いの歴史はずっと古いって。確率や統計を使ってものごとを考えたり，現象を確認したりするようになったのは，人類の歴史の中ではほんの最近のことなんだ。確率的な思考よりも，占いの歴史のほうがはるかに長い」

　たしかに。考えてみればそうかもしれない。

　「だから，使われている論理的な構造そのものが違っていても，おかしくはないんじゃないか」

　「確率で考えるほうが，人間にとっては新しい考え方なのですね」

　「そう。心理学だって，人類の歴史の中では，つい最近始まった歴史の浅い学問だといえる」

　「つい最近，ですか」

　「しかも，コンピュータがないと統計的な結果の計算もできないことが多いから，それを考えると，本当につい最近のことだ」

　長い歴史を考えると，見え方がまた違ってきそうだな。そんなことを感じた。

理論の更新

　先生は缶コーヒーを飲もうとして，中身が空になっていることに気づいたようだ。

　「ん？　まあ，いいか」

　「先生，何か飲み物を買ってきましょうか」

　「いや，大丈夫だよ。ありがとう」

　立ち上がりかけたところでそう言われたので，また座り直した。

　「確率とか統計でものごとを考えるというのは，どういうことだろう」

　先生は言った。でも，なんだかよくわからない。何も返せずにいると，先生は続けた。

「さっき，顔の輪郭が太いか細いか，気質がおおらかなのか神経質なのかを組み合わせて，人数を確認した。もちろん，何か調査をしたわけではないのだけれど」

「はい」

「その数字を見て，庭瀬さんは納得したわけだ」

「はい。関連がないと思いました」

「どうしてそれで，納得できるんだろう」

「それは……そう習ったから，としか」

「庭瀬さんは正直だね」

先生は微笑む。

「そのとおりだ。心理学科ではそれを教えるから」

1年生のときから，実験の授業，調査の授業，心理統計学の授業と，研究方法の授業をたくさん受講してきた。

「大学で心理学を学ぶと，顔の特徴と気質とが対応するということについて，頭の中で理屈で考えて答えを出すのではなくて，実際にそうなっているのかどうかを確かめようとする」

「そうです」

「とても経験主義的な考え方だけれど，じつはその前に仮説がある」

「細い線は神経質だ，という仮説ですね」

「そう。きっとその背後には何か理論があるんだろう。いや，もしかしたらたんになんとなくのイメージで決められているのかもしれないけれど」

「細くて頼りなさそうだから，びくびくしていそう，といったイメージでしょうか」

「そう。パーソナリティ心理学の授業で，四気質説って習わなかったかな」

「古代ギリシャや古代ローマ時代の説でしたよね」

「古代ギリシャ時代のヒポクラテスが人間には4つの体液があるという説を提唱して，その説を古代ローマ時代のガレノスが気質に対応づけたんだ」

先生は新しい紙ナプキンを取り，その上にメモを書いていった。

名称	体液	特徴
多血質	血液	明るく社交的，楽天的
黄胆汁質（胆汁質）	黄胆汁	短気で荒々しい，野心家
黒胆汁質（憂うつ質）	黒胆汁	神経質で非社交的，利己的
粘液質	粘液	おだやかで公平，無気力

「これも，連想ゲームみたいじゃないか。血液は熱をもっていて情熱的で明るいイメージ，黄胆汁は乾いていて固くて当たりが強いイメージ。黒胆汁は冷たくてあまり動かないイメージ，粘液は湿っていてじっとりしたイメージ」

「たしかに，それぞれをイメージするとそこから特徴が連想できそうです」

「血液は春，黄胆汁は夏，黒胆汁は秋，粘液は冬にも対応づけられている。こうやっていろいろなものに結びついていくと，ますます『たしかにそうだ』と思えてくる」

「理論が増えていくように感じます」

いろいろなものがくっついて，大きくなっていくイメージ。

「そこで重要なのは，論理や理屈が矛盾していないかどうかを確かめることだ。ここではこういうことを言っているけれど，この話とは合わない，ということがあれば，その矛盾を理屈の上でなんとか解消して，さらに理論が洗練されていく」

合わないパズルが置き換えられるような様子をイメージした。

「一方で，実験や調査を重視する場合はどうだろう。まず，理論から仮説を立てる。その仮説を実験や調査で確かめる。確かめることに失敗したら，どうなるだろう」

「その理論や仮説が成り立たなくなります」

「実際には，理論がくつがえる，ということはなかなか起こらないかもしれないけれど，少なくともその理論や仮説に対する信頼度のようなものは下がっていくことになる」

「理論を実験や調査で確かめていくのですね」

「そして，その結果に応じて理論が更新されていくのが理想だ」

パズルが合わなければ，枠のほうを変えてしまう……のかな。

「だから，確かめるための方法論を洗練させることに大きな労力をかける。心理学もそうだね」

実験実習や統計の授業……面白かったけれど，大変だったなあ。

「実習の授業は大変でした」。以前受けた授業を思い出した。

「もちろん，論理的整合性に基づいて構成された理論も，少しずつ修正されていく。理論を組み立てていくうちに，どうしても互いに理屈が合わない部分が出てくるだろうから」

「多血質の人が実際には明るくない，といったことでしょうか」

「いや，それだと観察によって理論が更新されることになる。それよりも，多血質は血の気が多く，温かくて春を表すのだから，これまでは太っている人が多血質に相当すると考えられていた。けれども，むしろ筋肉質な人のほうが多血質に相当するのではないか，とかね。実際にはもっとささいな部分の理論が少しずつ置き換えられていくのだろうけれど」

先生は手に缶コーヒーの缶を持ち，テーブルの上に角を当ててカツカツと音を立てる。やっぱり，もう1本買ってきたほうがよかったかな，と心配になる。

「これは僕の勝手な予想でもあるのだけど，たぶん，実験や調査で理論を確かめるアプローチのほうが，理論の側が大きく変わる傾向があるんじゃないだろうか」

「そうなのですか」

「それがいまの世の中の発展を支えているともいえる。このアプローチがなければ，身のまわりにあるいろいろなものが成り立たなくなってしまう」

私が毎日便利にすごしているのも，実験で確かめたことがたくさんあるから……か。たしかにそうかもしれない。

「その一方で，事実の観察だけに頼ると，理論がおろそかになることもある」

え？ と少し驚いた顔をしたかもしれない。

「たとえば，人間のパーソナリティを5つの次元で捉える，ビッグ・ファイブ・パーソナリティについても，どこかで習ったはずだ」

「はい。外向性，神経症傾向，開放性，協調性，誠実性，ですね」

「そう。この枠組みはもともと，辞書の中から人間を形容する単語を全部抜

き出す研究から始まった。それをできるだけ主観的じゃない方法，つまり調査をして統計的にまとめて，といったことを何度も繰り返していって，５つの枠組みが見つかった」

そういう研究の流れについても，授業で聞いた覚えがある。

「日本でも辞書から単語を抜き出す研究が行われたと聞きました」

先生は私の話を聞いて，頷く。

「最初の頃，ビッグ・ファイブ・パーソナリティは研究者たちから批判されていたんだけれど，どんなふうに批判されていたか知っているかい」

いまではあたりまえのように多くの研究で使われているから，批判されていたという話は知らない。

「知りません」

「それはね，『理論がない』だよ」

「理論がない，ですか」

「方法は明確なんだよね。辞書から単語を抜き出して，その単語に自分や他の人がどれくらい当てはまるかという調査をして，データをコンピュータで分析していくと，なぜか多くの単語が５つにまとまる」

それだけでは研究として不足しているのだろうか。

「ある方法を取ると，パーソナリティは５つにまとまる。でも，その背後には理論がない。もともと仮説があって５つになったわけではなくて，『やってみたらこうなった』だから」

「やってみたらこうなった，では納得できないところがあるということでしょうか」

「四気質説と比べてみたらいいんじゃないか。片方は経験よりも理屈で成り立っていて，さまざまなことが互いに結びついていて，整合性がとれている。ビッグ・ファイブ・パーソナリティは，なんだかわからないけれど５つにまとまった」

「たしかに，学問としては理論がはっきりしているほうがよさそうに思えてきます」

「もちろん，その後の研究の中で，ビッグ・ファイブ・パーソナリティについても多くの研究が行われて，そこから理論も構築されていった。だからいま

ではもう『理論がない』という批判は妥当なものじゃないと思うけれど」

理論と方法

　あれ，何の話をしていたんだろう。私は記憶をたどった。

　「占いと心理学の関係も，その例に似ているということでしょうか」

　先生は頷く。

　「理論的に整合するなかで構成された体系と，実験や調査で確認しながら更新される理論の体系との関係だね」

　「そこは納得できるのですが，占いも実際に人に対して用いられるのですよね」

　話を聞いても，なかなかすっきりしない気分。

　「気持ちはわかる。占いで『あなたはこうだ』と言うなら，本当にそうなっているのか結果を確かめて，それに応じて理論を更新するというのが，僕たちになじみのある学問の姿だ。でもそういう考え方をするようになったのは，最近の話だ」

　「占いは違うということですか」

　「新参者の出る幕じゃない，ということじゃないか」

　うーん，納得できるような，できないような。不思議な気分。

　「たまに，占いの文脈で，『科学的に確認された』といった言葉が出てくることはないでしょうか」。私は先生に言う。そういう話が出てくるのを見かけたことがある。そういうこともあって，占いと科学について，混乱してしまうのではないだろうか。

　「そういう話があるかもしれない。いまの時代だから，それはしょうがないだろう。人々は得体の知れない理論よりも，科学的に正しい理論を信じようとするだろうから」

　「私もそうすると思います」

　「ただ，科学で裏づけられている，ということがどういうことなのかをちゃんと考えて，『科学的です』と言っているのかどうかはわからない」

私の考える科学的な裏づけって，なんだろう……。

「そうなのですか」

「そうだよ。それは占いにとってはとても不利で，墓穴を掘りかねないセリフだからね。『科学的です』と言いはじめたとたんに，科学者がその内容を検証しようとしはじめてしまう。僕が占い師だったら，そこはごまかす。『科学ではわからないことがまだあるんです』と言い続けるだろう」

　占いにとっては，科学ではわからない，といったほうがいいのだろうか……。

「科学的に検証した，というからには，何かの研究方法で確かめたということを意味するから。そして，科学的な研究方法をとるということは，その研究方法で他の人も確認できるということを意味してしまう」

「他の人も結果を確認できるのなら，信頼できそうです」

「もしもできれば，ね」。先生は言う。

　やっぱり難しいのかな……。

「誰かがある理論を検証すると，他の人が違う研究方法を考えて『その理論が正しいなら，この方法でも確かめることができるはずだ』と言いはじめる。その方法で確かめられると，また別の人が『こっちの方法でも確認できるはず』と言いはじめる」

「それは……けっこうやっかいですね」。占いが，多くの人によってその結果を検証されていくことになる。

「やっかいだ。でもそうやって，次々と新たに考え出される方法で検証されて，検証に耐える理論が残っていく。それが，実験や調査で仮説を確認していく学問の進め方だ」

「占いの理論が，その検証に耐えることができるのか，という問題でしょうか」

「さっき，四気質説の話をしたよね」

「はい」

「黒胆汁質は，がんの原因だと考えられていたんだ」

「がん，ですか」

「そう。体の中で黒胆汁が集まってかたまったものが，がんになる」

　私は頷いた。

「16世紀。いまのベルギーのブリュッセルに，アンドレアス・ヴェルサリウスという解剖学者がいた。彼はヒポクラテスやガレノスの理論を心から信じていて，それを確かめるために多くの人体の解剖を行った。処刑された人体などを使ってね」

「それで，証拠は見つかったのですか」

「どれだけ解剖しても，黒胆汁が身体の中で溜まっている様子を見ることはできなかった」

「信じていたのに，見つからなかったのですね」。私は残念な気持になった。

「でもヴェルサリウスはガレノスの説をとても信じていた。その一方で，解剖によって明らかになった人体の様子を細かく記録して，書籍として出版した。たぶん，とても悩んだんじゃないだろうか。自分がずっと信じきってきた理論を，自分で確かめることができなかったのだから」

ヴェルサリウスの顔はわからないけれど，先生の話を聞いて，残念そうにたたずんでいる人物の様子が思い浮かんだ。先生は続ける。

「そうだな。もしも『この占いには数百年の歴史があります』，と言いながら『科学的にも確かめられています』と言ったらどうなるだろう。たとえば医学も心理学も，19世紀までに提唱された理論がどれくらい残っていると言えるか……少なくとも僕は，いまの時代に医者に診てもらえてラッキーだと思う」

「ラッキー，ですか」

「この時代に生まれることができて本当にラッキーだ。ヴェルサリウスのような人たちはいたけれど，その後もずっと科学と医学はなかなか相性がよくなかった。19世紀になっても，手術をする医師たちが手を消毒することはなかったんだ。四体液説に基づいて診断をして，瀉血という，血を抜くことが病気の基本的な治療方法だった時代に比べれば，いまは格段に進歩しているといえる」

それは……その時代に病気になったら，本当に大変そうに思える。

「ほんの100年くらいの間に，その前からずっと続いていた常識が一気に覆されていった。それは，実験や調査で理論を確かめるという方法が普及したからだといえる」

「もし占いが科学だというなら，占いにも同じことが起きる……」

「そう。だから，もし『科学だ』と言いはじめたら，『じゃあ，どういう方法で確かめたのですか』という方法論の話へと移ってしまう。そして，方法を考えて検証する，という土俵にのってきたら，その説は次々と多くの人にいろいろな方法で検証されていってしまう。すると，長い歴史の中で培ってきた理論は，一気にひっくり返ってしまう可能性が出てくる」

「そうすると，こんなに長い歴史がある，といううたい文句は使えなくなってしまいそうです……」

「科学が生まれるよりも前から存在する理論にとっては，科学的な検証というのは鬼門なのかもしれない」

少し間が空き，私はカフェオレを口に運ぶ。江熊先生はまた缶コーヒーを口に運ぼうとして，空になっていることを再確認する。

「ところでゼミの授業はどう。3年生同士は顔見知りだったっけ」

「はい，実習の授業で一緒だった人もいますし，仲良くできそうで授業が楽しみです」

「それはよかった。春学期の間は順番に論文を読んで発表してもらうから，準備がちょっと大変かもしれないけれど頑張って」

「頑張ります」

「じゃあ今日はこれで。これから一仕事しないとね」

先生が席を立つ。

「はい。ありがとうございました」

「またね。気をつけて帰るんだよ」

「はい。さようなら」

先生がカフェテリアを出て行き，私はすっかり冷えてしまったカフェオレを口に含んだ。

「冷めちゃったけれど，美味しい」

第**3**週 そくてい

今日は春らしい日差し。少しずつ暖かくなっていることを実感する。午前中の授業がなかったので，これから大学でランチを食べようと思いながら歩いていく。

「あ，ミライ！」

今日もあおいが元気に声をかけてくる。

「あおい。いつも元気ね」

「私はいつも元気だよ」

満面の笑みで答えながら，続ける。

「誕生日はどうだった？」

あおいと私の誕生日は 4 月 20 日で同じ日だ。

「家族からお祝いを送ってもらったよ。電話もした」

「1 人ですごしたの？」

「一人暮らしだからね」

「なんだ。私の家に来ればよかったのに」

「倉田君と一緒だったんじゃないの」

あおいと倉田君は恋人同士だから。

「そんなの関係ないよ。ミライも同じ誕生日なんだから」

「来年は考えるね」

そうは言ったけれど，1 人で家族と電話をしながらゆっくり誕生日をすごすのも，そんなに悪いわけではない。

「もう少しでゴールデンウィーク。これも楽しみだな」

あおいが，本当に楽しみという表情で話しかけてくるので，思わず笑ってしまう。
　「どこかに行く予定があるの？」
　「民宿をやってるおじさんのところに遊びに行こうかなって，考えてる」
　あおいのおじさんは，離島で民宿を営んでいる。去年の夏に遊びに行ったことを思い出した。
　「楽しかったね，去年の夏。いっぱい食べて遊んだ」
　「もちろん，民宿のお手伝いもするけどね。そうだ。ミライも一緒におじさんのところに行こうよ。アルバイト代ももらえるよ」
　「私は実家に帰る予定にしていたんだけど……でも，あおいのおじさんのところに行くのは楽しそうだね」
　私の実家は岡山県にある。ゴールデンウィークに帰ろうと思っていたけれど，年末年始も実家ですごしたことだし，あおいと一緒に民宿ですごすのも楽しそう。心が揺れる。
　「無理しなくていいけれど，でも一緒に遊びたいよね」
　「実家に連絡してみる」
　「よし。行けるようになったら連絡して」
　今夜にでも，母親に連絡してみようかな。

■　顔 を 見 る

　用事があるというあおいと別れて，食堂に向かう。
　「今日の日替わりランチは何だろうな……」
　メニューの看板を見ていると，声をかけられた。
　「庭瀬さん」
　目を向けると，阿川さんがいた。
　「阿川さん。こんにちは。阿川さんもこれからお昼ご飯？」
　「そう。一緒に食べてもいいかな」
　「うん。もちろん」

私も阿川さんも日替わりランチを選ぶ。トレーに載せて，たまたま空いていた窓際の席をゲットする。
　「いい席が空いていたね。ラッキー」
　向かい合わせになって座席に座る。阿川さんのピンク色のフレームに目が行く。
　「よく似合ってるね，その眼鏡」
　「お母さんには『派手すぎる』って言われたけどね」
　「阿川さんのイメージにぴったりなのに」
　ランチを食べながら，ファッションのこと，大学のこと，ゼミのことについて話をした。
　ふと，阿川さんの視線が私の後ろのほうに向かう。
　「どうしたの？」
　「ほら，占いサークルの人。なんていう名前だったっけ」
　私もそっと後ろを振り向く。
　「内藤さんじゃなかったかな。経営学の大学院生だと言っていたよ」
　小声で阿川さんに伝える。
　内藤さんはこちらに気づいたのか，私たちの席のほうに近づいてくる。
　「ねえ，こっちに近づいてくるよ」
　阿川さんが不安そうに言う。
　私は振り向くのをやめて，後ろからの気配と足音に意識を集中する。
　「こんにちは」
　内藤さんはとっくに私たちのことに気づいていたようで，屈託のなさそうな笑顔で話しかけてきた。私たちは，会釈で答える。複雑そうな表情を浮かべていたかもしれない。
　「そんなに警戒しなくても大丈夫ですよ。すみません，よければご一緒してもいいですか。お昼時で満席なもので」
　「いいですよ，どうぞ」
　阿川さんが私の隣の席に移動し，内藤さんは私の向かいに座る。
　「ありがとうございます。あ，おふたりもお食事どうぞ」
　私は阿川さんと顔を見合わせてから，食事を始めた。

「ところで，2人とも心理学科でしたよね」

内藤さんが話しかける。

「そうです」

私が答える。でも，内藤さんに以前会ったときには，私の学科は言っていなかったはず。どうしてわかるんだろう。

「心理学を勉強していると，きっと不思議な現象なんかには興味がありませんよね」

私は阿川さんのほうに目を向ける。阿川さんもちらっとこちらに目を向けて，視線が合う。

「僕自身，大学に入った頃には，占いとか不思議な現象なんて非科学的であてにならないと思っていたんですよ」

「そうなのですか」。私は答える。

「ええ。でも，サークルに入って活動していくうちに，実感するのですよね。何度も言い当てることができる体験をしていくと，やはり何かしら信じるようになってしまいます」

「これまで，何度も当たったという体験をしてきているのですね」

「そうなんですよ。こればかりは，どう説明しても難しいのかな，と思っています。自分で実感したという経験は，とても鮮烈ですからね」

「なかなか説明できない体験でしょうか」

「ええ。たとえば，まだ学部の1年生のときのことです。当時のサークル長は相貌学という，顔を見て相手の心の中を当てることが得意だったのですよ」

「相貌学ですか。授業で聞いたことがあります」

「いまでも，フランスでは相貌心理学という学問があるようですね。ただし，いまの相貌心理学は昔の相貌学とは違うと言っているようです」

「そうなのですね」

「まあ，僕たちはどちらでもかまわないのですけどね。目の前にいる人の顔を見てその人の内面を当てることができるという体験を重視しています。もちろん，それぞれの説について勉強はしていますよ」

「勉強は楽しいですか？」。阿川さんが尋ねる。

「ええ。とても。修士課程2年なので修士論文のための研究を進めないとい

けないのですが，自分の研究にも何かしら応用できないかと考えています。ま
だいいアイデアは浮かんでいませんけどね」

　「誰かにこういう話をすると，『やってみせてくれ』と言われたりするのでは
ありませんか」。私が尋ねる。

　私と阿川さんは，話を聞いているうちに内藤さんに興味が湧いてきてしまっ
ている。

　「言われますね」

　やっぱり。

　「やってみましょうか？」

　私は阿川さんと顔を見合わせる。

　「いいのですか？」

　「もちろんです」

　内藤さんは阿川さんの顔をじっと見る。

　「阿川さんは，どちらかというと目がぱっちりと開いているほうですね。目
の開き方は，好奇心の強さを表します。きっと，阿川さんは好奇心が強いほう
ではないでしょうか」

　内藤さんに対してこういう話を聞いているのだから，阿川さんも私も好奇心
は旺盛なほうかもしれない。私は少し面白く感じた。

　「目と目の間は，そんなに広くなく，どちらかというと狭いほうといえるか
もしれませんね」

　「え，そうですか？」。阿川さんが反応する。

　「なんとなく，ですよ。目と目の間があまり広くない人は，どちらかという
とひとつのことに集中する傾向があるようです。いろいろなことを同時並行に
やるよりは，ひとつのことに取り組むほうではありませんか」

　「そうかもしれません」

　阿川さんのことはまだそんなによく知らないけれど……へえ，よく当たって
いるのかな。

　「では，少し横を向いてもらえますか？」

　「横ですか？」。阿川さんは私のほうに顔を向け，内藤さんに横顔を見せる。

　「そうです。鼻筋にあまり角度がないほうかもしれません。すっきりしてい

るのですが，角度が小さくてあまり前に出ていない印象がありますね。この鼻の特徴は，自分の考えをそのまま伝えることが少し苦手で，まわりもった言い方をする傾向を表しています」

　阿川さんは比較的はっきりものを言うほうかもしれない。でも私が知っている範囲だと，あおいほどではないかもな。あおいの鼻はどんなだったっけ。

　「耳は小さめで，あまり目立たないほうかもしれませんね」

　「小さい頃から親に『耳が小さい』と言われていました」

　阿川さんが少し恥ずかしそうに言う。

　「前から耳がよく見える人は独立心旺盛だとされます。阿川さんの場合，それほど独立心が強いほうではなさそうですね」

　「いまも実家から大学に通っていますし，親から自立したいという気持ちも弱いほうかもしれませんね」。阿川さんが答える。

　「どうでしょう。顔を見るだけで，いろいろな内面がわかると思いませんか」

　「なんだか，自分のことが見透かされてしまっているみたいです」。阿川さんが答える。

　「そうなのですよ。僕自身，いまのサークルに入って，何度もそういう体験をしたんです」

　なるほど。以前，サークルの体験で感じた感覚と同じ。目の前でこういうことを直接言われる経験をすれば，たしかに信じてしまうかもしれない。

　「そうだ。春学期のうちに，サークルの技術指導をお願いしている舞亜矢さんが大学に来てくれます。ショーを開催するので，よかったら来てください」

　私はまた，阿川さんと顔を見合わせた。

　「あ，もちろん，サークルに勧誘しようという意味ではありません。一般に公開されますし，純粋にショーを楽しんでもらえればと思っているだけです。面白いですよ。ぜひ」

　内藤さんは「ではこれで」と言って席を立った。「もしもチケットが必要なら，ぜひご連絡ください」と言い残して。

　「阿川さんは午後から授業？」

　「3限だけね」。阿川さんが答える。

　「私も。ねえ，そのあと，江熊先生の研究室に行ってみない」

「江熊先生の研究室？ 庭瀬さんはよく行くの」

「たまにね。今日は，本を借りに行こうと思って」

不思議そうに私の顔を見る阿川さんに，次の授業のあとの待ち合わせ場所を伝えた。

研 究 室

「私，江熊先生の研究室に入ったことがない」。阿川さんが緊張した様子でささやく。

「大丈夫。怒られたりしないから」

私も小声でささやく。

目の前に，江熊先生の研究室の扉がある。ここで普通に会話を交わすと，研究室の中に聞こえてしまうと思って，2人でささやきながら会話をしている。でもきっと，人がいる気配は感じているだろうな。

「じゃあ，ノックするね」

私はそう言って，扉を2回ノックする。

「はい。どうぞ」

声がする。ドアノブをひねって，ゆっくりと開ける。

中に入ると，本棚の前に立って本を開いている江熊先生と目が合った。

「庭瀬さんと阿川さん。珍しい組み合わせだね。どうしたのかな」

「ゼミの勉強に役立ちそうな本を借りたいと思いまして」。私は言った。

「役立ちそうな本か……何がいいかなあ」。先生は本棚を見まわす。

「とりあえずソファに座ったら。コーヒーでもいれよう」

先生が棚の上にあるコーヒーメーカーに手を伸ばそうとしたので，「私がやります」と申し出た。前にも江熊先生の研究室でコーヒーをいれたことがある。

「そう。じゃあ，お願いしようかな」

私はコーヒーメーカーに近づいていって，棚からフィルターと粉を取り出してセットする。

しばらくすると，香ばしい香りが研究室に広がってきた。

「どんな本がいいかな。まずはコーヒーをどうぞ」

　紙コップにコーヒーを注いで，私と阿川さんに渡してくれた。先生は普段使っているマグカップに注ぐ。

「ゼミでは心理尺度を作る話をしているから，尺度構成の参考になりそうな本か……」

　マグカップを左手にもちながら，先生は本棚の前で本の背表紙を順に見ていく。

「これかな」

　1冊の本を手に取って，私に手渡してくれた。

「この本なら，とりあえず基本的なことがひととおり書いてあると思う」

「ありがとうございます。読んでみます」。私は本を手に取って，お礼を言った。

　先生は自分のイスに座って，マグカップを机に置く。

「さて，阿川さんは，研究室に来たのははじめてだね」

「はい。はじめてです」。阿川さんは答える。

「僕に何か聞きたいことがあるのかい」

「はい……そうですね。先生，好奇心は顔に表れるものなのでしょうか」

予想外の質問だったのか，先生は少し驚いた顔をする。

「ん，どういうことかな」

「顔を見るだけで，好奇心が強いかどうかがわかるものなのかということです」

先生は阿川さんの質問を聞いて，少しの間「んー」と上を向きながら考える。

「それはちょうど，庭瀬さんに渡した本にもつながる話だね」

先生は自分の座席に座った。

概念と測定

「好奇心の定義って，何だろうね」

阿川さんと目が合った。

「そうですね……いろいろなことに興味をもつこと，でしょうか」

「辞書に書かれている意味としては，『珍しいことや未知のことに対する興味や関心』といったところかな」

「興味や関心をもつこと，ですね」

「論文の中では，もう少し細かい定義がされているだろうね。ひと口に好奇心といっても，新しい情報を求めるような知的好奇心と，新しい刺激を求めるような好奇心は区別される。また知的好奇心といっても，中身はひとつではないね」

「好奇心といっても，いろいろなものがあるのですね」。私は言った。

「細かく，好奇心の対象となる領域から多面的に好奇心を捉えようとする研究もある。ひと口に『好奇心が強い』といっても，みなまったく同じように好奇心をもつとは限らない。ある人は広く新しいものごとを探すような好奇心が強く，別の人は新たに問題を掘り下げていくような好奇心が強い。もちろん，両方の好奇心が強い人もいれば，好奇心そのものが弱い人もいる」

私と阿川さんは頷く。

「国語が得意でも，ある人はどちらかというと文法が得意で，別の人は古文が得意で，また別の人は漢字が得意，ということがあるのと同じだ。君たちは

どの教科が得意だったかな」

「古文でしょうか」。私が答える。

「私は，国語はあまり……歴史ですね」。阿川さんが言う。

「とにかく，好奇心という概念はそんなに簡単なものではなくて，くわしく調べていくと概念にはあるところまで広がりがあることがわかる」

「広がり，ですか」。阿川さんが答える。

「広がりだね。『範囲』と言い換えてもいいかもしれない。おおよそ，このあたりからこのあたりまでが好奇心の範囲で，このあたりは好奇心には含まれないという範囲がある」

「どこまでとするかは難しいですね」。私が言う。

「研究を始めてみるとそんなに簡単ではないことに気づくだろうな。たとえば，好奇心に似た概念に刺激希求性というものがある。強い刺激を求めようとする，一種の性格のようなものとして研究されている概念だ」

「刺激……？」

「刺激希求性。英語だとセンセーション・シーキング（sensation seeking）という。強い刺激を求める傾向だから好奇心と関連はするだろう。でも，同じ概念ではない」

「好奇心は新しい情報を求めたい傾向のことでした」

「そう。新しい刺激を求めようとすることと，強い刺激を求めようとすることは，似ているけれど違う部分がある。だから，好奇心と刺激希求性を何らかの方法で測定して，両者の関連を求めれば，きっと互いにプラスの相関関係を示すだろう」

「お互いに意味が近いということですね」

「そう。でもそれよりもまず問題なのは，それぞれをどうやって測定するか，ということにある」

先生はマグカップを口元に持っていった。

たしかに，心理学の概念を測定するというのはどういうことを意味するのだろう。

記憶容量を測定する

「好奇心でも楽観性でも，外向性でも神経症傾向でも，心理学で扱う概念のことを『構成概念』と言うことがある」

「構成概念……難しそう」。阿川さんが言う。

「構成概念というのは，何かを説明する理論的に仮定される概念とでもいったらいいだろうか。そもそも心理学で出てくる用語の多くは，構成概念だと言える」

「心理学で出てくる用語というと……記憶とか，学習とか」

「記憶という『もの』があるわけではない。何かを覚えて再生すること。情報を記憶できるように変換して，蓄えて，必要なときにそれを呼び出すこと。それから，一瞬の情報の保持，数十秒くらいの情報の保持，もっと多くの情報を長期間保持すること。これらの働きを全体的に指して，記憶と呼ぶ」

「先生に説明されると，記憶という言葉の中にはずいぶんいろいろなことが入っているように思えます」。阿川さんが言う。

「ではたとえば，記憶に『容量』という言葉をつけて，『記憶容量』としてみようか」

「記憶容量……容れ物みたいですね」。私が言う。

「たしかに容れ物のようなイメージだ。この言葉を使うと，人がどれくらいものごとを覚えることができるか，どれくらい情報を保持できるかという個人差の傾向を表す言葉として使える」

「この言葉を聞くと，受験生時代に一生懸命覚えようとしていたことを思い出します」。阿川さんが言うと，先生が微笑む。

「似たようなことを考えてみようか。複数の人に同じ課題を与えて，一斉に『覚えてください』と課題を与える。すると，一定の時間内により多くの情報を覚えることができた人が『記憶容量が多い人』ということになる」

「容れ物が大きい人，ということですね」

先生と阿川さんのやりとりを聞きながら，頭の上に大きなバケツがある様子を思い浮かべてしまった。

「ここでは，記憶容量を記憶として情報を保持できる量と定義することができる。また，記憶容量は課題の内容でも定義することができる」

「課題の内容で定義するというのは，どういうことでしょうか」。私が尋ねる。

「トランプのカードを1セット用意してみよう。ジョーカーや白紙のカードは取り除き，十分にシャッフルしてばらばらな順番にする。そして，そのトランプのカードを相手に手渡して，10分間でマークと数字の順番を覚えてもらう」

「上から順番に，スペードの1とか，ハートの10とか，カードを覚えていくということですか」

「そう。順番を変えないようにね。そして順番を覚えて，10分経ったところでカードを返却してもらう。そして，上から順に，何のマークの何の数字だったかを答えてもらう」

そんなことって，できるのだろうか……私にはとても無理に思える。阿川さんのほうを見ると，阿川さんもとてもできないと思ったのか，首を横に振っている。

「より正しく，多くの順番を答えることができる人は，記憶容量が大きい。間違いが多く，順番を答えることができない人ほど，記憶容量が小さい。どうかな。この課題は，記憶容量を測定するという点で，多くの人が納得するだろうか」

たしかに，この課題をこなすことができる人は，記憶容量が大きいといってもいいように思う。阿川さんと私は頷く。

すると，先生は微笑みながら言う。

「世界記憶力選手権という大会があってね」

「え？」。突然言われたので，よくわからなかった。世界記憶……？

「ワールド・メモリー・チャンピオンシップという，記憶力を競う世界大会だ」

「そんな大会があるのですか」。私が言う。

「トランプ52枚の順番を1分以内で覚える競技が，実際に行われているんだ」

私は驚いた。「本当に覚えることができる人がいるのですか」

「たしか，世界記録は十数秒で順番をすべて覚えるくらいじゃなかったかな」

「十数秒で，ばらばらになったトランプの順番をすべて覚えるのですか」

「1枚も間違えることなく」

「すごい……」

「僕にもとてもできない。でも，トレーニングをするとできるようになるらしい。試してみたらどうだろう」

私でもそんなことができるようになるのだろうか……。

「さて話を戻そう。記憶を，これこれこういうことであると言葉で定義することを，概念的定義という」

私と阿川さんは頷く。

「そして，測定方法で概念を定義することを，操作的定義という」

「記憶容量を，トランプのカードの順番を覚えることで決める，ということが操作的定義ということでしょうか」

「ひとつの例としてね」

先生はマグカップのコーヒーを口に含んだ。

寒がりを測定する

「コーヒー，冷めちゃったんじゃないか」。先生が言う。

私と阿川さんは，手にもったままの紙コップに目をやった。たしかに，冷えてしまっている。

「温かいコーヒーをいれるよ」。先生が言う。

「大丈夫です」。私も阿川さんも先生の申し出を断った。

「先生はぜひどうぞ」

先生は「じゃあ」と言って，コーヒーメーカーからマグカップに温かいコーヒーを注ぐ。

イスに座って，コーヒーをひと口飲む。

「測定方法がひとつだけではないというのも，ポイントだね」

測定方法がひとつではない，というのはどういうことだろう。先生は続ける。

「記憶容量を測定する方法はトランプの順番を覚えることだけというわけで

はない」

「たしかに，他の方法でも測定できそうです」。私は言う。

「じゃあ，別の例で考えてみよう」

先生はマグカップに口をつけて，それから続ける。

「『寒がり』というのはどうだろう」

寒がり……私も阿川さんも，きっと不思議そうな顔をしたのだろう。

「あくまでもひとつの例だ。次は寒がりについて考えてみよう。2人は寒がりかな」

「私は寒くてもけっこう平気なほうですね」。私は答える。

「私は寒いのは苦手です。寒がりだと思います」と，阿川さん。

「そうか。僕も，寒いところはどちらかというと苦手だね。冬はつい，研究室のエアコンの温度設定を上げてしまう」

先生はエアコンのスイッチのほうに目をやった。そして，私たちと目が合う。

「寒がりって，辞書にはどう書いてあるかな。パソコンに入っている辞書だと……」

先生はそう言って，パソコンのキーを叩く。

「『ひどく寒さに敏感なこと。またその人』と書いてある。どう思うかな」

「そうなんだ，という感じです」。私が答える。阿川さんも頷く。

「そのままの定義だね。これが概念的定義だ。ただし，もしも寒がりについて研究をするということになったら，もう少し細かい定義を文章で表現する必要があるかもしれないが」

寒がりの研究か。なんだか面白そう。

「さて。では操作的定義はどうすればいいだろう」

「寒がりの測定方法ということですね」。阿川さんが言う。

「そう。たとえば，さっき僕は『寒がりだと思うか』と尋ねた」

阿川さんと私が頷く。

「それもひとつの測定方法だと言える。『あなたは寒がりですか』という質問項目を作って，紙に印刷してもいいし，ウェブサイト上で尋ねてもいいし，口頭で尋ねてもいい。回答は『いいえ』か『はい』かでもいいし，どれくらい当てはまるかを5段階で答えてもいい。もしも『まったく当てはまらない』『あ

まり当てはまらない』『どちらともいえない』『やや当てはまる』『とてもよく当てはまる』の5段階で答えるなら，2人はどの選択肢を選ぶかな」

「私は『まったく当てはまらない』です」。私は答える。

「私は『やや当てはまる』でしょうか」。阿川さんが言う。

「よし。では，他の測定方法を考えてみよう。『寒がり』の程度を把握するのに，どんな方法が考えられるだろう」

「あ，では」。私は小さく手を挙げる。

「じゃあ庭瀬さん」

「自分で質問に答えるのではなくて，友達が答えるというのはどうでしょうか」

「もう少し説明してくれるかな」

私は考えながら言う。

「えっと……寒がりかどうかは，服装や行動にも表れると思います。そのことはまわりの人もわかると思いますので，自分で寒がりかどうかを答えるのではなくて，友達が答えるというやり方もあるのかな，と思いました」

「なるほど。それもひとつの測定方法だね」

先生の反応を聞いて，少しほっとする。

「心理学の研究の中でも，自分のことについて自分で評価するだけではなくて，親や友人がその人のことを評価するという方法は，よく用いられる」

そうなんだ。

「庭瀬さんが言ったように，寒がりな人だったら服をいつも重ねて着ていたり，教室でも膝掛けをしていたり，普段の会話の中にも『寒い』という言葉がよく出てくるかもしれない。もしもそうなら，周りにいる友達も『この人は寒がりだ』と認識すると考えることができる」

阿川さんと私は頷く。

「もっと他にも考えてみよう」。続けて先生は言う。

まだ他にも考えるんだ……。

「こういうのはどうでしょうか」。阿川さんが小さく手を挙げて言う。「面接をして，過去に経験した『寒がり』のエピソードを聞いていきます。たくさんエピソードが出てくる人ほど，『寒がり』だと考えるというやり方です」

「うん。それもひとつの方法だね。寒がりな人は，これまでの自分の経験の中からたくさんのエピソードを報告しそうだ。自分が『寒がり』だと明確に思っていなくても，人よりも多くのエピソードを報告する人は，より寒がりだと言うことができるかもしれない」

なるほど。そういう方法も考えられるのか。

「よし，もっと考えてみよう」。先生は楽しそうに笑いながら言う。

「じゃあ」。再び阿川さんが小さく手を挙げる。「インターネットの書き込みを調べるのはどうでしょうか。寒がりな人のSNS（ソーシャル・ネットワーキング・サービス）の書き込みには，寒がりなエピソードや言葉がたくさん出てくるかなと思って」

「それもいいね」。先生が言う。「たとえば，どんな書き込みがありえるだろう」

「『今日は寒い』とか『早く暖かくならないかな』とか，寒がりな人はそうじゃない人とは違う言葉を書き込みそうです」

言われてみると，たしかにそうかもしれないと思えてくる。

「もしも面接をしたときに，寒がりな人はそうじゃない人に比べて寒がりに関連するエピソードがたくさん出てくるようなら，何気なく書き込んでいるSNSにも寒がりな様子が反映しそうだ」

先生の言葉を聞いていると，本当にそういう研究ができそうな気がしてくる。

「他にはないかな」。先生が言う。

まだ考えるんだ。いくつ考えるんだろう……と思ったとき，ふと思いついた。

「はい」。私は手を挙げた。

「はい，庭瀬さん」。先生が言う。

「寒がりということは，たくさん服を着て，普段から厚着をして生活しているのではないでしょうか。ですから，着ている服について調べるとわかってくるように思います」

「なるほど。それもいいね」。なんだか，褒められたみたいで嬉しい。「春や秋の季節だと，そんなに寒くも暑くもないから，寒がりかどうかで着ている服の種類や枚数が変わってきそうだ。たしかに，寒がりかどうかを測定することができるかもね」

先生は，さらに続ける。

「どんどんいこう。他にはないかな」

まだ他にも考えられるのかな……。

「では……」。阿川さんが言う。「実験室に来てもらって，何か作業をしてもらいます。その間に，だんだん実験室の部屋の温度を下げていくというのはどうでしょう」

「お，実験みたいでいいね」。先生が言う。「実験室に参加者を呼んで，1人で何かの作業をしてもらおうか。だんだん自動的に室温を下げていって，参加者がエアコンの設定を確認に来たところでその気温が何度だったのかを記録する，というのはどうだろう。隣の部屋から実験室の室温を操作するか，エアコンを事前に設定したプログラムどおりに動かすことができるといいかもしれないな」

先生の話を聞いていると，本当にそんな研究ができそうに思えてくる。

「より高い気温でエアコンを確認したら寒がりで，より低い気温まで確認に来なかったら寒がりじゃない，ということになるのですね」。私は言う。

「まあ実際に行うとすれば，いろいろな工夫が必要だと思うけどね。どの季節に行うかも考えたほうがいいだろうし，寒がりかどうかを判断するにしても，服を着たり脱いだりする行動を録画しておいて，より高い気温で上着を着たら寒がりだと判断するとか，一定の時間の間隔で寒く感じるかどうかを回答してもらうとか」

面白そう！こういうことを考えているときの先生も，楽しそうに見える。

先生は私たちを見て，さらに言う。

「まだまだ。他にはどうかな」

だんだん，私も阿川さんも乗ってきた。

「あ，それじゃあ，買い物をしてもらうというのはどうでしょうか」。阿川さんが言う。

「どういうことかな」

「たとえば，秋になると冬物の服が売られるようになります。寒がりな人だったら，早いタイミングで冬物の服を買うのではないでしょうか」

なるほど。たしかに，寒がりの人には買い物にも特徴があるかもしれない。

「実際に1万円を渡して洋服のお店に行ってもらって，何を買ってきたかを報告してもらうのはどうだろう。買った服で寒がりを測定することができたら，面白そうだね」

　「ネットショップで買い物をさせるのはどうでしょうか」。私は思いつきで口をはさむ。

　「うん。そのほうが研究としては現実味がありそうだ。架空の洋服のショッピング・サイトをコンピュータ上に作って，その中で自由に買い物をしてもらって動きを記録していくとか。寒がりな人はより暖かそうな洋服を買うかもしれない。まあ，研究する季節によるかもしれないけれど」

　「架空のショッピングなら，洋服じゃなくてもいいかもしれません」と阿川さん。

　「お，どういうことだろう」。先生が言う。

　「食べ物や飲み物でも，寒がりな人は温かいものを選ぶ傾向があるにではないでしょうか。冬だと，カイロとか暖房器具とか。温かい飲み物が好きな傾向があるとか」

　「服以外の買い物にも，寒がりな傾向が反映するかもしれないということだね。それも面白そうだ」。先生は微笑む。

　この話をしだしてから，先生は本当に楽しそう。でも，本当にそういう研究ができたら楽しそうだと，私も思う。

　「ここまで考えた『寒がり』の測定方法を，箇条書きにしてみよう」

　先生はそう言ってメモを書き，私たちに渡した。

「寒がり」の測定方法
① 「あなたは寒がりですか」と質問して自分で評価する。
② 友人が寒がりかどうかを評価する。
③ 面接をして寒がりのエピソードを挙げてもらう。
④ SNSの書き込みを調べる。
⑤ 普段着ている服の枚数や種類を調べる。
⑥ 実験室の室温を下げて行動を観察する。
⑦ より温かいものを買うかどうかを調べる。

先生に手渡された紙を阿川さんと一緒に見る。①は寒がりかどうかを質問して自分で回答すること，②はその人のことをよく知っている人が寒がりかどうかを回答する。③は，面接をしてできるだけ多く寒がりに関するエピソードを言ってもらう。④は，SNS のアカウントを手に入れて，その人の過去の書き込みを調べて，寒いとか暖かいとか，キーワードをどれくらい書き込んでいるかを調べる。⑤は，普段着ている服を毎日記録してもらうことになるだろうか。⑥は，実験室で課題に取り組む間に部屋の温度を下げていき，そのときの行動を見る。最後の⑦は，自由に買い物をしてもらって，どれくらい温かそうなものを買うかを調べる。

　見ていくと，どれも面白そう。本当に研究してみたくなってくる。

　「面白そうですね。本当にこの方法で研究してみたいです」

　「そうだね。寒がりという現象に研究する価値があって，寒がりの個人差を測定することに意義があるなら，この考え方で面白い研究ができるかもしれない」

　実際に研究をするとなったら，まだ考えなければいけないことがたくさんあるんだろうな，と先生の言葉を聞いて思った。

　「研究をするときに考えなければいけないのは，どの方法も個人差があるということだ」

　「個人差ですか」。私が言う。

　「そう。とても寒がりな人から，まったく寒がりではない人までいて，少しずつグラデーションのように違いがあると考えてみる」

　「私はぜんぜん寒がりじゃなくて，阿川さんはまあまあ寒がり」

　阿川さんは頷く。

　「そして僕は，もっと寒がりかもしれない」。先生が言う。「もっとたくさんの人に聞いていけば，僕たちの間に位置する人たちがいて，間がどんどん埋まっていくことになる」

　「なるほど」

　「それは，他の人が評価をしても，寒がりのエピソードを数えても，SNS の書き込みでキーワードの数を調べても，買い物の内容を調べても同じだ。細か

い個人差が観察できるだろうね」

　そうか。さっき考えたどの方法を使っても，人々の少しずつ違う「寒がり」を測定することができるんだ。

　私たちの顔を見て，先生は満足そうに微笑んだ。

好奇心の個人差

　私たちは，すっかり冷めてしまったコーヒーを飲み干した。

　「先生，好奇心の話に戻してもよいでしょうか」。阿川さんが言う。

　「顔を見て好奇心が高いかどうかがわかるか，という問題だったよね」。先生が言う。

　「はい，そうです」

　「さっき説明した，寒がりの測定と同じように考えてみたらいいんじゃないかな」

　「といいますと……」

　「好奇心の測定方法をたくさん考えるとするよね。アンケート形式で測定するとか，他の人が評価をするとか，何かの課題をしてもらって測定するとか」

　「はい」

　さっき考えた，寒がりの測定方法を思い出した。

　「その中に，『顔を見て判断する』という測定方法は入るだろうか」

　先生はそう言って，マグカップのコーヒーを飲んだ。

　でも……それは測定方法に入れていいんだろうか。そう思った私は言う。

　「先生，顔を見て好奇心があるかどうかという方法は，好奇心の測定方法だといえるのでしょうか」

　先生は私の顔を見て何かを言いたそうにしていたが，もう一度コーヒーを飲む。

　「どうだろう。言えるのだろうか」。先生は言った。

　うーん，どうなんだろう。わからない。

　阿川さんの顔を見る。彼女も，手元を見て考え込んでいるみたい。と，顔が

上がる。

「好奇心を測定する，いろいろな方法の中に入れるのは違うような気がします」と，阿川さんは言った。

先生は阿川さんのほうを見る。少し微笑んだような顔をした。そして，腕時計を確認する。

「さて。この話を続けると，長くなりそうだな。続きは次の機会にしようか」

ここで終わりなのか……観ていたドラマがいいところで次に続くことになって，がっかりした感じがする。とはいえ，先生がそう言うならしょうがない。私は先生に借りた本を手にして，立ち上がった。

「わかりました。先生，失礼します。あ，この本，お借りしていきます」

「失礼します」。阿川さんも立ち上がる。

「うん。またこの続きの話は，そのうちしよう」

私たちは，先生の研究室をあとにした。

▌ 帰 り 道

私と阿川さんは，校舎から出てきたところ。ちょうど4限目の授業が終わった頃なのか，他の学生たちも少しずつ校舎から出てきていた。

「ねえ，庭瀬さん」

阿川さんのほうを向く。

「江熊先生は，顔で好奇心がわかると考えているのかな」

研究室での江熊先生との会話を思い出す。

「先生は，わかるとは思っていないんじゃないかな」

「そうだよね」

阿川さんは少しほっとした表情になる。

「でも，どうして顔ではわからないのかは，まだよくわからないね」

「うん。そうだね」

「また，近いうちに先生に聞いてみようよ」。私は阿川さんに言う。

「じゃあ，そのときはまた誘ってね」

阿川さんは微笑んで頷いた。

第4週 くりかえし

信頼性と再検査信頼性

　ゴールデンウィークの休業期間があけて，大学の授業が再開された。

　結局，私は実家には帰らず，あおいと一緒に離島にあるあおいのおじさんが経営する民宿ですごした。

　「ミライ！おはよう」

　あおいの元気な声が響く。

　「おはよう，あおい。ゴールデンウィーク楽しかったね。誘ってくれてありがとう」

　「楽しかったよね。ミライが来てくれたから，本当に面白かった」

　ゴールデンウィーク中，3泊4日の短い滞在だった。まださすがに泳ぐことはできなかったけれど，魚釣りをしたりボートに乗ったり，とても充実していた。

　「それにしてもミライがあんな失敗するなんてね」

　あおいがふふっと思い出し笑いをする。

　「やめてよ，あおい」

　「なになに，どうしたの？」

　後ろを振り向くと，倉田君が私たちのすぐ後ろを歩いていた。

　「あ，倉田君。いつからいたの？」。私が尋ねる。

　「さっきからだよ。ゴールデンウィークにあおいのおじさんのところに泊まりに行っていたんだろ」

　「一緒に来ることができればよかったのにね」。あおいが言う。あおいと倉田君は恋人同士なので，あおいがそう言うのも当然か。

「何か用事があったの？」。私は尋ねる。でも，もし倉田君が来ていたら，私が2人の邪魔をしてしまうことになっただろうけど。

「あおいには言ったんだけど，じいちゃんの体調が悪くてね」。倉田君が言う。

そうだったんだ。

「もしものことがあったらいけないと思ったんだけど，結局，すっかり元気になってさ」

「おじいさん，元気になってよかったね」。私が言う。

「うん。今朝も散歩に出かけていったよ」

本当によかった。

3人で校舎のほうに歩いていくと，ベンチに座っているきれいなストレートヘアの女性が目に入った。菊原さんだ。

「菊原さん」。私が声をかける。

「庭瀬さん。こんにちは」

なんだか元気がなさそう。

「菊原さん，どうしたの？ ちょっと元気がないみたい」

菊原さんは「ううん」と首を振る。「なんでもない」

その様子は，何でもなさそうには見えなかった。

「ねえ，お昼を一緒に食べない？」

「え……でも」。菊原さんは私の後ろの2人に目をやる。

「いいね。一緒に食べようよ」。あおいがウインクしながら提案する。倉田君も頷く。

「じゃあ，お昼の時間にカフェテリアに集合だね！」。あおいがやや強引にまとめてしまった。菊原さんは頷く。

オーディション

昼の時間。カフェテリアで私たち4人が席に着いていた。

「ゴールデンウィークがあけると，だんだん混雑しなくなってくるね」。あおいが言う。

「1年生でごった返すことが少なくなるからじゃない」。倉田君が言う。

「みんな学習して，時間をずらすようになるんだよ，きっと」

「だろうね」

私と菊原さんは，2人の会話を聞きながら昼食を進める。

菊原さんの様子を見る。やっぱり，あまり元気がない様子。少し会話が途切れたタイミングで，菊原さんに話しかけた。

「菊原さん，どうしたの？ やっぱり元気がないみたい」

菊原さんは考え込むようなそぶりを見せながら，話しはじめた。

「ゴールデンウィークに雑誌モデルのオーディションに行ったんだけど，落選しちゃって……」

「そうなんだ。それは残念だったね」

あおいと倉田君も真剣な表情で菊原さんのほうを見る。

「前にも，同じ雑誌のオーディションを受けたことがあるの」

私たちは頷く。

「そのときはうまくいって，特集のモデルになることができたんだ」

「すごい」。私が言う。

「でも，今回はうまくいかなくって」

「前はうまくいったのにね」

「正直，理由がよくわからないの」

「そういうのって，理由があってないようなものなんじゃないかな」。倉田君が言う。

「そうかなあ。ちゃんと理由があるんじゃないの」。あおいが反応する。

「なんとなくの雰囲気で決まっちゃったりさ。理由はあとから考えたりとか」と，倉田君。

「菊原さんは，どう思うの」。私は尋ねた。

「今回募集していてダメだったモデルの仕事は，以前受かったのと同じブランドの特集だったの。前回も採用されたから，今回も採用されるだろうと期待していたのよね」

菊原さんはそう言った。

「誰が採用されたかはわかるのかな」。あおいが言う。

「うん。私と昔から知り合いで仲もいいモデル仲間の子」

「へえ。でも，なんか気まずいね」

「でも，その子は前回のオーディションではダメだったの」

「菊原さんが受かって，その子はダメだったんだ」

「採用されるのは1人だけじゃないんだけどね。前回は私が受かってその子は落ちて，今回は私が落ちて向こうは受かって。同じブランドの募集だから，理由がよくわからないの」

「採用された人が入れ替わっちゃってるから，結果が安定しなくて理由もよくわからないよね」

「くよくよしてもしょうがないのはわかっているんだけどね。ついあれこれ考えちゃって」

「よし。今日はゼミがある日だよね。終わったら飲みに行こうよ！」あおいが提案する。

「いいね」。倉田君が言う。

「菊川さん，どう？」と，私。

菊川さんが頷いた。

「よし，決定！お店を探しておくね」

あおいがウインクしながら楽しそうに言った。

類型と特性

ゼミの時間。ある論文を読み終わり，先生が説明を始めた。

「さて，少し研究の背景について，説明してみよう。この論文では，パーソナリティ特性の発達について検討している」

論文を見ながら，先生が言う。

「パーソナリティについては，類型論と特性論という見方がある」

先生はホワイトボードに書きながら話をしていく。

「類型論は人を分ける見方だね。特性論は，指標を分ける」

類型論：人を分ける

特性論：指標を分ける

私たちは先生の話を聞きながらホワイトボードを見て，「んんー？」となっている。先生は，私たちのよく理解できていなさそうな様子を見て，説明を続ける。

「人を分けるやり方は，わかりやすい。たとえばこのゼミに出ている学生たちを活発な人たちとそうではない人たちに分類する。人間をいくつかのグループに分けて，それぞれのグループに属する人たちの特徴を言葉で説明していく。これが類型論のやり方だ」

私はどっちに入るだろう。きっと，活発ではないグループだろうな。そんなことを思いながら先生の話を聞いていた。

「特性論は，1人の人間の中にある要素を考える。さっきの例なら，活発さとか，敏感さとか，明るさとか，まじめさとか。1人の中に複数の要素が共存していることをイメージするといい」

「先生，敏感さと明るさが共存するというのは，どういうことでしょうか。『明るさ』という言葉と『敏感さ』という言葉は，真逆ではありませんが逆方

向の意味になりそうです。明るい人であれば，内気ではないということになるのではないでしょうか」

　大学院生だけれど，先生のサポートのためにゼミに参加している奥山先輩が言う。きっと，先生が言うことはわかっているけれど，あえて質問しているんだろうな。そんな雰囲気を感じた。

　「そのとおりだよ。『明るさ』と『敏感さ』を，モノサシのようなものだと考えてみるといい」

　先生はホワイトボードにモノサシを描く。

```
明るさ　|----|----|----|----|
敏感さ　|----|----|----|----|
```

　「明るさも敏感さも 100 点満点で表現されるとしよう。A さんは，明るさが 80 点で敏感さが 20 点。別の B さんは，明るさが 30 点で敏感さが 70 点。C さんは，明るさも敏感さも 50 点」

```
A さん：明るさ 80 点，敏感さ 20 点
B さん：明るさ 30 点，敏感さ 70 点
C さん：明るさ 50 点，敏感さ 50 点
```

　「明るい特徴をもっていると，より敏感ではない傾向があって，明るくない特徴をもっていると，より敏感な特徴ももつ傾向がある。そして，両方とも中央くらいの人も存在する」

　「『明るさ』と『敏感さ』との間に，マイナスの関連があるということですね」。奥山先輩が言う。

　「そういうことになる。でも，絶対というわけではない。『適度に明るく適度に敏感』という人も，人々の中には多くいるだろう。『あまり明るくはないけれど，そんなに敏感ではない』という人もいる。明るく振る舞うわけではないけれども，強い刺激でも平気，という人なら，けっこういるように思える」。先生は言う。

たしかに，そういう人はまわりにいそう。

「だから，ひとつひとつの性格の要素を細かく見て，それぞれについて『量』や『程度』を考えていくことができるというわけだ。こういう考え方が，特性論という考え方につながる」

「じゃあ先生，人間にはいくつの特性があるのでしょうか」と，奥山先輩。この発言も，わかっているけれどあえてしている，という雰囲気を感じる。

「みんなもこれまでの授業で習ったんじゃないかな。これまでに辞書から人間を形容する単語をすべて抜き出して，整理していく研究がされてきた。アメリカでオールポートたちが1930年代に辞書から単語を抜き出して，パーソナリティ用語の候補を約4000単語挙げるという研究を行った。その後，多くの研究者たちがその単語をもとに整理を繰り返していって，最終的には……」

「ビッグ・ファイブ・パーソナリティですね」。私はつぶやいた。

「そう。ビッグ・ファイブ・パーソナリティという5つのおおまかなパーソナリティの要素にまとめられていった」

「外向性，神経症傾向，開放性，協調性，誠実性，の5つです」。奥山先輩が言う。

「とはいえあくまでも，これらはとてもおおまかなまとまりなので，人間の全体的な特徴をおおまかに5つの要素に分けるとこうなる，という枠組みにすぎない。何かを説明するときには，もっと細かい要素で研究することも必要になる。英語とはいえもともと4000もの単語から人間の性格の要素をまとめる作業が始まっているのだから，パーソナリティ特性は最大4000個以上ありえる，と考えることもできる」

私たちには4000ものモノサシがあって，それぞれを量で説明できるということになるのか。とても細かく，詳細な分析になりそう。

「僕たちの横にズラズラッとモノサシがぶら下がっていて，ひとつひとつに目盛りがあって，常にどこかを指している，という想像をすると面白いんじゃないかな」

私の体から，細長い付箋のようなものが出ていて，それぞれに目盛りと数字と，いまどのくらいかが指し示された矢印がついている様子を想像した。

「そして，何かを経験するたびに，その目盛りを指している矢印が少しずつ

動いていく」

　これもまた想像してしまった。私の体からいっぱい出ている付箋の矢印が，何かをするごとにぞろぞろっと動いていく。イメージすると，ちょっと気持ち悪いかもしれない。

　「特性論は，この少しずつ動く様子を表すのに向いている。細かく要素を分けて，それぞれの要素について少しずつ変化したり，違いを検討したりすることがしやすい」

　「ゲームのキャラクターみたいですね」。奥山先輩が言う。

　「攻撃力とか防御力とか，魔力とか生命力とかね。ゲームの中に登場するキャラクターのパラメータとよく似ていると言える」。先生は答えて，続ける。

　「ゲームのキャラクターをパラメータで表現することで，『鍛錬すれば少しずつ攻撃力が上昇する』とか『ダメージを負うと少しずつ生命力が失われる』とか，またたとえば『成長するにつれて数値が上昇する』とか『年を重ねるにつれて数値が少しずつ減少する』といった表現もできるようになる」

　ゲームの中で細かい表現ができるようになる背景には，そういった工夫があるということなのか。

　「さて，前置きが長くなった。というわけで，発達の話だね」

　ここで話がもとに戻るようだ。

安定とは何か

　先生は説明を続ける。

　「性格が何歳で完成するのか，という問題はよく話題になる」

　たしかに，広告やネットの情報でも，「性格は○歳で完成する」という文言を目にする。

　「でも大きな問題は，この『完成』だと思うんだ。『性格の完成』って，何のことだろう」

　学生たちは黙っている。奥山先輩が「何かないかな。どんなことでもいいよ」と発言を促す。

「固まってもう動かない，ということでしょうか」。1 人の学生が言う。

「『もう動かない』だね。そういうイメージはあると思う。じゃあ，心理学の中で，その『固まってもう動かない』は，どのように表現されるのだろうか」

心理学で固まって動かないがどう表現されるか……。柔らかい粘土が乾燥して固くなるとか。水が凍って固くなるとか。雨降って地固まるかな。

「類型論だと捉えやすい。時間が経ってあるグループから別のグループに移動しなければ，安定していると表現される。しかし，本当は細かく変わっているのに，把握できていないだけかもしれない。では特性論で考えたとき，パーソナリティ特性が時間とともにどうなると『完成した』と言えるのだろう」

パーソナリティ特性は，モノサシの上の数字のようなものだった。それがどうなるか，か。

「この『完成した』という言葉も曖昧なので，別の言葉にしたほうがいいだろう。たとえば『安定する』としてみよう。そうすると，何かの連続的な得点が安定することを表すことになる。パーソナリティ特性の得点があったとして，それが年齢とともに安定する。どんなイメージになるだろう」

年齢とともに安定する。それ以上，得点が上がったり下がったりしないイメージだけれど，どうだろう。私は発言した。

「得点が上下に動かなくなることでしょうか」

「集団について考えてみて」。先生が言う。

集団で考える，というのはどういうことだろう。ある人の得点が上下に動いていて，あるところで動きが止まる。別の人も得点が上下に動いていて，またあるところで止まる。また別の人の得点も上下に動いていたものが，あるところで止まる。すると何が起きるんだろう。そうだ。

「集団の平均値が変化しなくなる，ということでしょうか」

「なるほど。集団を対象に，年齢ごとにあるパーソナリティ特性，たとえば外向性の平均値を算出していくとしてみよう。10 歳，11 歳，12 歳とずっと年齢ごとに平均値を見ていくと，平均値が上がったり下がったりしていく。そして，ある年齢で平均値が上下に動がなくなって，動かなくなる。その後の年齢もずっと動かなくなるとしよう。そういう場合，平均値が変わらなくなるところが，外向性が安定する年齢ということになる」

先生はホワイトボードに折れ線グラフを描きながら言う。
「こういう現象を，平均値の安定性という」
グラフの下に，平均値の安定性という文字を書いた。

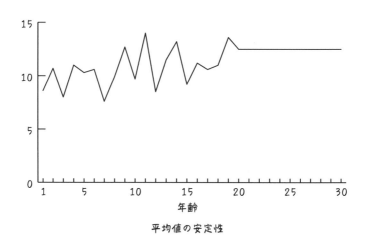

平均値の安定性

「さて。他に安定性を表現する方法はないだろうか」
　先生は「まだまだ」という雰囲気で言う。他に，と言われても，どういうことを考えればいいんだろう。
　「平均値の安定性を考えるとき，全員の得点が同じように変化するだろうか」
　先生に言われたとき，あっと気づいた。
　「順番が変わる」。私と同じタイミングで気づいたのか，他の学生がつぶやいた。
　「そうだ。不安定な状態というのは，時間とともに得点が上昇していく人と下降する人がいて，年齢を経るにつれて得点が高い人と低い人が入れ替わっていくような状態だと考えられる。ということは，安定した状態というのは，年齢とともに順位が入れ替わらないで，高い得点を示す人は年齢を重ねても高いまま，低い得点を示す人は年齢を重ねても低いままになることを指すということになる」
　先生はそう言うと，ホワイトボードにもうひとつグラフを描いた。
　「順位の入れ替わりが少なくなることを，順位の安定性という」

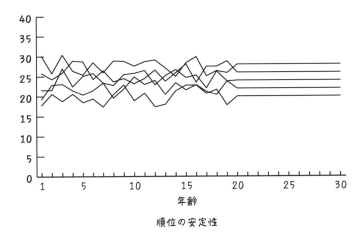

順位の安定性

「平均値の安定性と，順位の安定性とは，どんな関係になるのですか」。奥山先輩が発言する。

「それはいい質問だ」。先生は言う。「全体の平均値が年齢とともに上昇しても下降しても，安定して変化が見られなくても，順位の入れ替わりとは関係はないね」

「ちょっとイメージするのが難しいかもしれませんね」と，奥山先輩。

たしかに，そう言われても，なかなかイメージしづらい。

「グラフに描いたほうがわかりやすいだろうね。2つのグラフを描いてみよう」と先生は言い，再びホワイトボードに向かう。

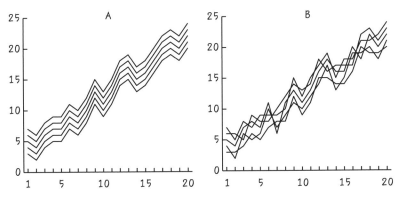

「グラフAとグラフBという，2つのグラフがある。どちらも年齢とともに平均値はしだいに上昇していく。だけど，グラフAは順位が入れ替わらず，5本のグラフは平行線のまま上昇していく。一方でグラフBは，順位が入れ替わりながら上昇していく」

先生の説明を聞くと，たしかにそうなっている。

「順位が安定していても，入れ替わっても，全体の平均値が上昇することはありうるということだね。平均値だけを見ていると，この2つのパターンの違いがわからない」

先生の説明を聞きながら，私たちは頷いた。

「実際の研究の中のデータを見ると，順位の変化は完全にないわけでも，完全にランダムというわけでもない。ある程度は順位が安定していて，ある程度は入れ替わる」

完全に安定するわけでもなく，完全にデタラメでもない。

「平均値の安定性と順位の安定性は，パーソナリティ特性の発達を検討する研究の中でよく検討される。でも，もっと他の安定性もあるんだ」

教室で話を聞いている学生たちの表情が，まだあるの？というものになった気がする。

「たとえば，外向性と協調性との関係つまり相関係数が年齢を経てもあまり変わらなければ，外向性と協調性との間にある『構造』が，年齢を経ても『安定』していることになる。もっと多くの変数の間の関連でもいい。外向性と協調性と開放性とのお互いの関係が，年齢を重ねるにつれてどんどん変わっていくならそれは不安定であることを表していて，関係が変わらなければ安定していることを表す。これを構造の安定性という」

先生はホワイトボードに外向性，協調性，開放性と書き，双方向の矢印でそれらを結んだ。そしてその下に，構造の安定性と書く。

「外向性と協調性と開放性，というパーソナリティ特性のレベルではなくて，外向性を測定する20項目の因子分析結果が，年齢を超えて変わらないという示し方も，構造の安定性を意味する。これも，ある項目と別の項目との間の関連が，年齢を経てもあまり変わらないことを意味する。因子分析は，多くの変数の間に見られる関連を要約したものだからね」

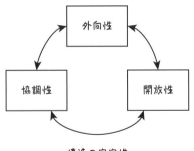

構造の安定性

　「とにかく，ある変数と別の変数との間の関連があまり変わらない，ということが構造の安定性にあたる，ということですね」。奥山先輩が言う。

　「そういうことだね」

　なるほど。ひと口に「安定」といっても，いろいろな表現の仕方があるということがわかった。

　「安定性の種類は，他にもまだあるんだ」

　まだあるの！ ちょっと驚いてしまった。

　「個人に注目する安定性もある。たとえば，多くの人の得点が変化したとしても，個人に注目すると，年齢を経てもずっと同じような得点をとり続ける人がいる。この場合は，個人レベルで安定していると言える」

　「その場合『何歳で性格が完成する』というような，一般的な法則ではありませんよね」。奥山先輩が言う。

　「そうだね。一般法則に注目するのではなくて，個々の人間に注目することにあたるだろう。この人は安定している，この人は不安定。この人は10歳で変化が止まって，この人は40歳まで変化している，とか」

　集団全体で一般的な法則を検討しなければいけないわけではない，ということとか。

　「他にもまだある。ビッグ・ファイブ・パーソナリティの外向性，神経症傾向，開放性，協調性，誠実性について個人の得点を検討するとしよう」

　まだあった！ と思いながら，私たちは頷く。

　「ある人は外向性が5点，神経症傾向が4点，開放性が4点，協調性が5点，誠実性が9点だった」

誠実性が突出して高い，とてもまじめな人のようだ。

「そして，年齢を重ねるうちに5つの得点は少しずつ上下するのだけれど，いつも他の4つに比べて誠実性が高い状態にあるとしよう。これも，一種の安定性だ」

「ある1人の人の中で特徴的な得点のパターンがあって，そのパターンが持続することで安定していると考えるわけですね」と，奥山先輩。

なかなか難しいけれど，学部生の私たちはなんとかついていっている，という感じがする。

「こういう，複数のパーソナリティ特性の得点パターンのことを，得点プロフィールと言う。この得点プロフィールが年齢を経てもあまり変わらないのであれば，『あの人は10年前もいまも誠実性が高くてまじめな人だ』とか『あの人は学生時代もいまも開放性が高くていろいろなことに興味をもっている』と，その人らしい一貫性が感じられるだろう」

たしかに。昔の友達に久しぶりに会っても，やっぱりこの人はこういう人だと思えることは多いな，と想像した。

「こういった，個人の得点プロフィールの安定性のことを，イプサティブ（ipsative）な安定性という。日本語でどう訳したらいいのかは，ちょっとよくわからないな」

イプサティブ……あとで単語を調べておこう。

「心理学では，AとBの2つの文章があるときにどちらを選ぶか，という測定形式のことをイプサティブともいう。だから，イプサティブな安定性というのは，自分の中で何が高くて何が低いか，何が選択されるか，という意味で使われるのだろう。まあ，細かいことはよくわからないけれど」

先生はホワイトボードを消して，5つの安定性をまとめた。

平均値の安定性：集団の平均値が上下に動がないこと

順位の安定性：得点による個人の順位の入れ替わりがないこと

構造の安定性：変数間の関連の大きさが変化しないこと

個人の安定性：個々人の得点が時間を超えて変化しないこと

イプサティブな安定性：個人内の得点の大小関係が変化しないこと

「ホワイトボードには変化や動きが『ないこと』と書いた。これはさっきも言ったんだけど，これらについてはどれも『ある』か『ない』かではなくて，どれくらいの大きさなのかということが問題になる。いろいろな研究を見ても，人間の性格というのは，どこかで完全に固まってしまうことはなく，生涯にわたって変化していく」

　へえ。パーソナリティは年齢とともに変化するんだ。面白い。

　「でも，コロコロと変わってしまうわけでもない」。先生は続ける。

　あれ，じゃあ変化しないのかな。

　「体重だって同じだ。まったく変化しないわけでもない。普段の生活によって上下に動くこともある。でも，急激に一晩で何十キロと変わってしまうわけでもない。パーソナリティ特性の得点も，それと同じだ」

　なるほど……体重と同じように考えればいいのか。自分の体重が気になっていた高校時代のことを思い出す。最近はあまり気にならない。

　「多くの人の体重をグラフに描くことを考えてみよう。縦軸に体重，横軸に年齢をとる」

　頭の中で，グラフをイメージする。

　「ある人は年齢とともに体重が増加して，20歳で60 kgになった。その後は，ずっと変わらない。別の人も，年齢とともに体重が増加していくんだけれど，上下に揺れながら増加していく。20歳で55 kg，25歳で60 kg，30歳で54 kgになった。また別の人も揺れ動きながら上昇していって，20歳で60 kg，25歳で65 kg。その後はずっと65 kgのまま。また他の人もグラフを書き足していく。どんどん人数を増やしていこう」

　頭の中で，1人ずつのグラフの線を描いていく。

　「全体を見ると，20歳かその後くらいまでは，体重が増加していって，その後は安定していくように見える。グラフが水平になっていくからね」

　「平均値の安定性ですね」。私が言う。

　「そう。そして，20歳までは入れ替わりが大きいけれど，20歳を超えると順位の入れ替わりがだんだん少なくなっていく」

　「順位の安定性」。つぶやいたのは，菊原さんかな。

「そういうことだ。若い頃は運動するとやせるけれど，年齢を重ねていくと，運動をしてもなかなかやせなくなっていくとしよう。体重と運動量との関連は，若い頃は大きな相関係数で，中年期になると小さな相関係数になっていく」

「構造の安定性」と，阿川さん。

「いいね。ある人は20歳で体重は60 kgになって，そのあとずっと高齢になるまで60 kgのままだった」

「個人の安定性」。これも阿川さん。

「おっと。イプサティブな安定性は，体重で説明するのは難しいね。ちょっと失敗」

先生は微笑んだ。

順位の安定性

すこし話の間が空いた。きっとみんな私と同じように，さっきの先生の説明を頭の中で復習している。

「そもそも，ある人が朝と夜に体重計に乗って，体重が変わっていたとしたら，それは太ったりやせたりしたせいなのだろうか」

ん？ 風呂上がりに200 gくらい体重が減っていたら「やった，やせた！」と喜ぶ人は多いんじゃないかな。

「もしも，体重計が不安定だったらどうだろう」

体重計が不安定……壊れている？

「壊れた体重計ということでしょうか」。私が言う。

「壊れているとは限らない。壊れていなくても不安定ということはある。普通，家にある体重計については，誰もがとくに何も疑問も思わずに使っているだろう。でももしかしたら，体重計の電池が少なくなっておかしな数値を表示するようになるかもしれない。バネ式の体重計なら，錆びたりバネが伸びたりしておかしな数字を示すかもしれない。まあ，実際に起こるかどうかは別にして」

「得点が不安定だというときに，その人が変化したということを考えるだけ

ではなくて，測定している道具そのものの安定性について考えなければいけないということですね」。奥山先輩が補足する。

「補足説明ありがとう。そういうことだ。では順位の安定性について考えてみよう。パーソナリティ特性の得点について，子どもの頃は個々の子どもの順位が不安定で20歳になると順位が安定したとする。でも，もしかしたらそれは，子どものときに測定に使ったパーソナリティ検査が不安定で，大人になってから測定に使った検査の安定度が高いだけなのかもしれない」

「それだと，性格が発達して安定していったという結論にならなくなります」。私が言う。

「測定する道具が不安定だと，パーソナリティの発達を研究しようとする研究者が困ってしまう。年齢によって得点が変化したり，順位が変化する様子が観察されたり，個人の得点が上下したときに，それが本当に人々の特徴が変化したのか，それとも測定する道具が不安定なだけなのかがわからないからね」

それは，本当に困ってしまうだろうな……。

「だから，研究する前に，測定に使う道具の安定性を検討しておくことが重要になる」

「道具の安定性……」。教室にいる誰かの声が聞こえた。

「たとえば，時間をおいて調査を繰り返して，どれくらい安定しているかを検討することだね。これを，再検査信頼性と言う」

もう一度調査をして検討するから，再検査信頼性か。

「先生，これまでも授業で出てきたことがあるのですが，信頼性というのはどういう意味ですか」。阿川さんが尋ねる。

「信頼性というのは，測定用具が安定して測定できているかという問題のことを指す」

先生はそう言って，ホワイトボードの隅のほうに書き込んだ。

信頼性：安定して測定できているかという問題

「朝起きたときに体重計に乗って，昼食のあとに乗って，夜に風呂のあとに乗ったら，55 kg，70 kg，60 kgという体重だった。この数字を聞いてどう思う

だろう」。先生は言う。

「そんな体重計は使いたくありません」。阿川さん。

「それはそうだ」。先生は微笑む。「そんな体重計に乗ったら，自分の体重が増えているのか減っているのか，安定しているのかもよくわからない。あまりにも変動が大きければ，出てくる数字がいったい何を指しているのかよくわからなくなってしまう」

安定しているかどうかについても，程度問題ということか。

先生はまたホワイトボードの片隅に，次のように書いた。

測定された値＝真の値＋誤差

「ここで，誤差が小さければ，測定された値は真の値に近づいていくと言える。真の値が体重 60 kg だとして，誤差が大きければ上下に大きくズレてしまい，誤差が小さければ測定された値も 60 kg に近くなる」

誤差が 0 になれば，測定された値と，真の値は同じになる。

「でも，真の値なんていうのは，誰にもわからないものだ。体重は体重計で量る以外に確かめようがないけれど，体重計で表示される数字そのものに誤差が含まれている」

体重計で量った値自体に誤差がくっついていれば，真の値はどうしてもわからなくなるように思える。

「では体重計そのものについてどのように考えることができるだろう。体重計には誤差がどれくらいつきものなのだろうね。この誤差の程度をなんとか確かめようと，いろいろなことを考えていく。これを信頼性の検討という。たとえば多くの人を調査対象として体重を測定してみよう。測定された体重は，真の値とばらつきで表現されるのだったね。数多く集めると，真の値のばらつきと，誤差のばらつきの両方が測定された数値の中に含まれる。全体のばらつきのうち，真の値のばらつきの程度のことを，信頼性係数という。得点のばらつきは分散というのだったね……」

先生はそう言うと，板書をした。

> 信頼性係数＝テストで得られる分散のうち真の分散の比率
>
> 　　　　　＝テストで得られる分散のうち誤差の分散以外の比率

　「とはいえ，真の分散や誤差の分散がどれくらいなのかはよくわからない。そこで信頼性係数を求めるために，いくつかの方法が考えられてきた。二度にわたって同じ測定を繰り返してみる，というのもひとつの方法だ。数十人とか，数百人とかを対象に，2回の測定間の相関係数を算出する」

　先生は次のように書いた。

> 信頼性係数＝r（2回の測定間の相関係数）

　「心理尺度を作る場合には，数週間とか数カ月の間隔を空けて，同じ調査対象の人々に2回にわたって同じ検査や尺度を実施する。そして，2回のデータの間の相関係数を算出する。この方法で求めた信頼性係数を，再検査信頼性係数という」

　「先ほどの安定性と同じような考え方ですね」。阿川さんが言う。

　「そのとおりなんだ」。先生は頷きながら言う。「100人のパーソナリティ特性を測定して，1年間隔で順位が安定していると『性格が安定している』と解釈する。一方で，2週間の間隔で順位が安定していると『パーソナリティ尺度の信頼性が高い』と解釈することになる」

　「同じことをやっているのに，解釈が変わる……」

　「ひとつのポイントは時間の間隔だろう」。先生は言う。「2週間の間隔で相関係数が0.7くらいあると，尺度で測定された値が時間的に安定しているということになる。だから，尺度がある程度信頼できると考察することになる」

　「先生」。私は質問する。

　「庭瀬さん，どうぞ」

　「2週間の間隔で2回調査をして外向性を測定したとしても，その間に何かを経験することで外向性が大きく変化してしまうことはないのでしょうか」

　「あるかもしれない」。先生が答える。

　え？　そうなの？　先生の答えを聞いて，少し驚く。

「これは，そのパーソナリティの概念が，概念的にどのように定義されているかによると言える」

「概念的な定義，ですか」

「パーソナリティ特性というのは，2週間とか1カ月とか，その程度ではそんなに大きくコロコロと変わることはない。その一方で，1年とか5年とか長い期間が経過すると変わる可能性があるだろう。こういう概念上の前提が大切なんだ」

だから，概念的にどう定義されるかが問題になるということか。

「外向性とか協調性といったパーソナリティ特性，抑うつや不安といったネガティブで病理にもつながるような心理特性，楽観性とか幸福感といったポジティブで望ましい心理特性も，政治的な志向性のような価値観も，愛着スタイルのような人間関係のパターンも，心理学で研究される多くの心理学的な特性というものは，1週間から1カ月くらいではそんなに大きくコロコロと変化しないと仮定されているんじゃないだろうか。だから，それくらいの時間の間隔で再検査信頼性が検討される。そして相関係数が0.7くらいの，ある程度の高さがあると，概念的には安定していることが前提になるので，測定している道具が安定していると考えて『再検査信頼性が確認された』と考察する」

なるほど。どういう概念なのかという問題が先にあって，その仮定に沿った結果が得られるから「確認できた」と判断するのか。

「すでに尺度の信頼性については確かめられているとしよう。そして，数年単位の間隔で調査を行う。これくらいの間隔だと，心理特性にもある程度の変化が予想される。発達や経験によって変化する可能性が想定されるんだ。だから5年間隔でパーソナリティ特性の関連を検討したときには概念に注目して『これくらいの安定度でこれくらいの変化が見られた』と報告する研究が行われることになる。ここで焦点は，測定する尺度ではなくて，概念に向けられる。この概念が5年間隔でこれくらい変化していた，といったように」

同じようなことを検討しているのに，前提によって解釈の内容が変わってくる。

「先生，安定しないことを仮定する概念もあるのでしょうか」。再び私が質問する。

先生は私の方を見て微笑んだ。

「もちろんありえる。たとえば，環境によって大きく影響を受ける一時的に生じる感情を測定することを考えてみたらどうだろう」

「状況によって大きく変わる……つまり安定しない，ですね」

「感情とひと口に言っても，時間的に安定したものから，一時的なものまでさまざまにある。全体的なポジティブさとか，抑うつとかといったものは，比較的時間を超えても安定しているだろう。怒りや敵意といった感情は，相手によって変わることが考えられる。しかしその一方で，ささいなことで怒りや敵意を抱くことが普段の生活の中で繰り返されるのであれば，ある程度時間的に安定するように見えることもある。だから，いま測定しようとしている『感情』が，どれくらい時間を超えて安定するといえるのかをまず決めなければいけない。そして，もしも状況によってどんどん変わるような感情を測定したいのであれば……」

「再検査信頼性の数値は高くならない」。私が続ける。

「そういうことになる。たとえば，特性不安と状態不安という概念があって，測定尺度も開発されている。そして実際に，性格のように多くの場面で不安を抱きやすい傾向を測定する特性不安の尺度は再検査信頼性が高くて，その場その場で不安をどれくらい抱いているかを測定する状態不安の尺度は再検査信頼性が低いことが確かめられているんだ。再検査信頼性がどうあるべきかは，概念によるというひとつの例だね」

再検査信頼性は高ければいいというわけではなく，最初に何を想定するかが大切なようだ。ここで先生は時計を見る。

「おっと，こんな時間か。今日はここまでにしよう。まだ信頼性の話は他にもあるんだけど，続きはまた今度。今日はこれから会議なんだよね。じゃあ，お疲れさま」

先生はそう言うと，教室から慌ただしく出ていった。

私たちは，先生の授業に圧倒された感じでしばらく静かにしていた。しかし，だんだん日常を取り戻すようにそこここで会話をしはじめ，教室をあとにした。

オーディション

天気予報どおり，夕方は肌寒くなってきた。上着を羽織る。

「庭瀬さん」

校舎から出ようとするところで，菊原さんに呼び止められた。

「菊原さん。ゼミの授業，お疲れさま」

「庭瀬さんもね」

「あおいたちが来るまで，そこで座っていようか」

菊原さんと私は，中庭の噴水の横にあるベンチに腰掛けた。冷たいベンチの感触が伝わってくる。あおいたちが来てお店に向かうまで，話をしながら待つことにする。

「江熊先生の話，難しかったけど，面白かったね」。私が言う。

菊原さんは「うん」と頷いて，少し間を置いた。

「今日のゼミで江熊先生の話を聞いていたら，昼に話していたオーディションのことが思い浮かんできて」

菊原さんはそう言った。そうだった。昼ご飯を食べながら，そういう話をしていた。

「オーディションの結果に納得いかない理由って，信頼性や安定性に欠けているって思えるからじゃないかなって」

「オーディションの結果の安定性……だね」

「そう。どう思う？」

菊原さんにそう言われてみると，どうなんだろう。オーディションの結果が不安定なときに，何を考えることができるのだろう。

「もしも何度もオーディションを受けて，受かったり落ちたりするなら」

「うん」

「今日のゼミでの話から考えると，テストに問題があるか，本人に問題があるか……」

「そうだよね。私はずっと，私だけに原因があると思っていたの」

「受けたのは，同じブランドのオーディションだったよね」

「そう。最初は受かって，次は落ちたの」。肩をすくめながら，菊原さんが言う。

「菊原さんのせいじゃないよ。こんなにかわいいのに」

「ありがとう。今日のゼミでの話を聞いていたら，いろいろなことを考えちゃった」

「どんなこと？」。私は尋ねた。

「そもそも，オーディションが私たちの安定した特徴を見ているのかどうか，というのはどうかな」

「何かの能力とか，美しさとか，内に秘めた何かとか」

「そうそう。そういうものを見ているのなら，結果が安定するはず」

「同じ人が受けているんだからね。前に受かったら，次も受かる」

「でも問題は順位なのよね。受かるかどうかって」

「そうか。2回目にもっとすごい人が受けに来たら……」

「私の順位が下がっちゃうから，落選ね」

「あ，でも，知り合いの子は1回目はダメだったのに，2回目には受かったのよね。そこで順位は入れ替わってる」

「うん。そこが不安定」

「安定性に欠けるわ。信頼性に欠ける，かな」。私は微笑む。

「2回とも同じブランドのオーディションだったけど，審査員は違っていたかな。もうよく覚えていないんだけどね」

「ということは，ますます結果は不安定だよね。1回目と2回目で，ぜんぜん違うところを見ていたかもしれない」

「そうか。不安定，か」。菊原さんは空を仰ぐ。「ありがとう，庭瀬さん。なんだか，気分がすっとした」

「私，何もしていないよ。菊原さんと楽しく話をしただけ」

「話をしているうちに，なんだかすっきりした気分になったの」

「そう。よかった」

「じつは来月，ずっと前から目標にしていたファッション雑誌のオーディションがあるの」

「もしかしてそれ，お姉さんが読んでいて，モデルになりたいって思った雑

誌のこと？」

「うん。そう」

菊原さんは微笑んで頷く。そして続ける。

「庭瀬さんと話をしたおかげで，気持ちを切り替えていけそう」

そう言われてなんだか背中がくすぐったい気持ちがしたけれど，嬉しかった。でもこういうことを考えられるようになったのは，安定性と信頼性について授業で教えてくれた，江熊先生のおかげかもしれない。

第5週　おなじむき

内的整合性

　日曜日。私はあおいと倉田君に誘われて，大学の大教室に来ている。

　「楽しみだね」。あおいが言う。

　「お笑い好きだからな」と，倉田君。

　今日は，大学のお笑いサークルのイベントで，漫才のコンテストが開かれる。出場するのはこの大学サークルのメンバーで，この大会で勝ち残ったコンビが大学対抗の大会に出場できるというルールになっているらしい。サークルの中での選抜大会といったところだろうか。

　この大教室は300席くらいある。サークルのイベントということもあり，どれくらいお客さんが入るんだろうと思って来てみたら，私たちのあとにもどんどん観客が入ってきて，立ち見の観客まで出てくるほどだった。

　「それにしても，すごいお客さんだね」。私が言う。

　「毎年人気のイベントなんだよ」。倉田君が答える。

　そうなんだ。知らなかった。大学は広くて大きく，常に多くのイベントが開かれている。あまり興味がなければ，どんなイベントが毎年行われているのか，あまりよく知らないままに卒業してしまう。

　会場が暗転し，2人の学生が出てきた。

　「いやー，みなさん。お越しいただきありがとうございます。こんなにお客さんが入ってくれるなんてありがたいことだね」

　「本当だね。でもさ，こんなに人が集まって，いったい今日は何があるの」

　軽く笑いが起きる。

　どうやら，会場の雰囲気を温めるために出てきた前座ということのようだ。

91

冗談を交えながら拍手の練習をしたり，このコンビの持ちネタなのだろうか，短いコントも織り交ぜたり。結果的に会場の雰囲気は最初の頃からするとずいぶん和らいできた印象がある。

「じゃあ，みなさん今日はよろしくお願いします！」と言い残してコンビは下がり，司会者が出てきた。

「本日は我がサークルの漫才コンテストにお越しいただき，ありがとうございます！」

続いて，この大会がサークル創設以来，毎年続いていること，しだいに大きな教室で開かれるようになってきて，教室では観客が収容できなくなってきていること，来年は講堂で開催される予定であることが述べられた。

「では，今大会の審査員を紹介いたします！」

壇上には，5人の審査員が出てきて，順番に紹介された。

1人目はこの大学出身で，いまは家業を継いで工務店を営んでいる人物だと紹介された。名前は伊藤さん。サークルのOBということのようだ。

2人目は地元で知られるスーパーマーケットの社長の木村さん。

「このイベントのチラシに，あの社長さんのスーパーの広告が載っていたよね」

あおいが教えてくれた。このイベントの協賛をしている関係なのだろうか。

3人目と4人目は，このサークルOBとOGの大学院生。志村さんは電子工学，地川さんは英文学の研究をしているらしい。

そして5人目は，グレーのスーツを着た原須好成先生が出てきた。江熊先生と同じ心理学科で，学習心理学を教えている教授。

いきなり原須先生が出てきたので，私たちは驚いてしまった。

「どうして原須先生？」。あおいが言う。

「お笑いに一番縁遠いと思っていたけどな」と，倉田君。

「イメージと違うね」。私も同意する。

どうやら，原須先生はこのサークルの顧問を務めているようだ。

「そうか。公認サークルは，先生が顧問にならないといけないんだよね」。私が言う。

「最近はサークルが増えて，顧問の先生を探すのも大変みたいだから，部員

の誰かが原須先生に頼んだんじゃないかな」。倉田君が言う。

　それにしても，メガネをかけて白髪でやせていて背が高い，授業でも冗談を交えることなんか絶対になさそうなイメージの原須先生が漫才コンテストの審査員だなんて……この状況そのものがちょっと面白い。

　「今回は会場の関係で，審査員のみなさんには別室で採点してもらいます」

　司会者はそう言って，審査員たちは会場の教室から出ていった。会場が狭いため，別室で画面越しに審査をするということになっているようだ。

　そうこうしている間に，コンテストが始まった。1 組の制限時間は 3 分で，15 組が出場する。

審査結果

　最初のコンビ。

　大学での学生生活の話から，学生がやりがちな失敗を次々と並べて会場の笑いを誘っていた。

　「ふふふ。面白いね，このコンビ」。私があおいに耳打ちする。

　「うん。なかなかだね」

　「何点くらいとるのかな」

　最後の落ちも決まって，審査の時間になった。

　別室で審査をしている 1 人ひとりの審査員の得点が，スクリーンに表示されるというシステムになっている。

　最初のコンビの審査結果は，伊藤さん 85 点，木村さん 87 点，志村さん 83 点，地川さん 88 点，原須先生 70 点。合計 413 点。

　「最初のコンビだから，どの審査員も様子見の点数なのかもしれないね。次からこの点数が基準になって点数がつけられていくんじゃないかな」。倉田君が言う。

　たしかに，漫才の点数に絶対的な基準があるわけではない。何が 0 点で何が100 点なのかも，よくわからない。それに面白いかどうかは相対的なものだろうから，このコンビが基準になって得点が上下していくんだろうな。

テレビ番組だったら，ここで審査員のコメントなどがあるんだろうけれど，このイベントでは得点だけが示されて，審査員のコメントはない。司会者が漫才を終えて審査結果を見たコンビにインタビューをして，感想を聞く。そして，次のコンビへと進んでいく。

　2組目。

　子どもの頃に何をして遊んだか，という話題から始まり，ヒーローごっこのヒーローとのやりとりから，しだいに話題がエスカレートしていくような内容だった。けっこう内容は考えられていたようだけれど，会場の盛り上がりはいまひとつといったところだろうか。たまに突飛な設定もあったから伝わりにくかったかもしれないな，と感じた。

　「私は面白かったけど，評価は分かれるかなあ」。あおいが言う。

　「お客さんの盛り上がりは，いまひとつだったかもね」。私が答える。

　得点は，伊藤さん83点，木村さん83点，志村さん84点，地川さん85点，原須先生75点。合計410点。そこまで悪いわけではなかった。

　司会者に感想を聞かれた2組目のコンビは，ここでも強引に笑いをとろうとして見事に失敗して失笑を買い，壇上をあとにした。

　3組目。

　男女のコンビが登場してきた。恋愛をテーマにしつつ，ミニコントを次々と織り交ぜ，女性のほうのキャラクターがどんどんエスカレートしていくという内容だった。会場の盛り上がりもなかなか。

　「けっこう面白いね」。私が言う。

　「うん。面白い」。あおいも同意する。

　得点はどうなるんだろう。

　結果は，伊藤さん94点，木村さん98点，志村さん90点，地川さん94点，原須先生72点。合計448点。これまでの得点に比べると，高得点だ。

　司会者に感想を求められた3組目のコンビは，とてもうまくいった達成感と満足感にあふれていた。

　こうしてコンテストが進んでいったのだけれど，結果が発表されていくうちに，会場の中がざわつきはじめる。その理由は，原須先生の得点だった。

　どうも，原須先生の得点だけ，他の審査員とは大きくズレているように感じ

エントリー番号	伊藤	木村	志村	地川	原須	合計
1	85	87	83	88	70	413
2	83	83	84	85	75	410

る。真逆，というわけではないけれど，1人だけ他の審査員とは明らかに違う得点をつけている印象がある。

「なんだか，会場全体が妙な雰囲気になっちゃったね」

私はそう言いながら，すこし残念な気分になった。

「原須先生，ちょっと笑いのツボが違いすぎるんじゃないかなあ」。あおいがトゲトゲした感じで言う。

「授業のときも笑いもしないし，お笑いの番組とかも見そうにないよね」。倉田君が続ける。

そして15組目。最後のコンビ。

コント仕立てで，コンビニエンスストアの客がおかしなことをするアルバイト店員に翻弄されていく内容だった。コンビニは身近だし，アルバイトをしている学生も多いからか，会場に来ている客の学生たちにも大ウケだった。

そして審査結果は……伊藤さん95点，木村さん96点，志村さん96点，地川さん91点，原須先生69点。合計447点。ここまでトップだった3組目のコンビに迫る得点だった。だけど，1点足りない。

司会者に感想を求められると，明らかに審査結果に納得がいかない様子だった。会場もさらにざわつく。

「原須先生の得点が低すぎるよね。あと1点高かったらトップと同点だったのに」。あおいが言う。

会場は満員で，漫才のネタも学生のサークルのレベルとしては面白いと思えるものが多かっただけに，原須先生の得点のつけ方だけが目立ってしまっていた。

「なんだか，複雑な気分だね」。倉田君が言う。

原須先生が心理学科の先生なだけに，その気持ちもよくわかる。

私たちは，イベントのエンディングを見る前に，会場となっていた大教室からそっと抜け出すことにした。

┃ 一致するかどうか

ゼミの時間。

「さて，今回読んだ論文では，1枚の顔写真を複数の人が評定している。今日はこの話から始めよう」

学生が論文の内容を説明したあとで，江熊先生が話しはじめた。

「写真は全部で100枚。調査に参加する大学生は，写真に写っている人物がどれくらい信頼できそうかを7段階で評定する。大学生は100名が参加していて，写真は1枚あたり5回評価されている。学生がどの写真を評定するかは，ランダムに決められている」

この論文は，写真に写っている人物の顔のどのような要素が，人々が信用できそうだと感じる傾向に関連するのかを検討している。私たちは特定の顔を見たときに，「この人は誠実そうでまじめで，嘘をつかなさそうで，信用できそうだ」という印象を抱く傾向があるという。この研究では，そのような信用度傾向が，顔の中のどのような特徴に関連するのかを検討している。

「1枚の顔写真につき5人がそれぞれ得点をつけて，その平均値を顔の信用度としているね。どうしてこういうことをしているのだろう」

「1人の評価だけでは曖昧だから，でしょうか」。学生から声が上がった。

「曖昧というのは，どういうこと」。先生が質問をする。

「えっと……人によって印象が違うので……」。学生がたどたどしく答える。

その答えを聞いて，先生は続ける。

「ある顔写真に対して，5人の学生が，7点，6点，5点，4点，3点と評定したとしよう。5人の合計は25点で，平均は5点だね。7点満点で5点なのだから，ずいぶんこの顔写真は信用できると評価されるようだ」

学生たちが頷く。

「でも，5人のうち1人は3点をつけている。この学生にとっては，この顔写真はやや信用できないと評価したことになる」。先生が言う。

「いくら平均だとはいえ『この顔写真は5点』という結果になったのは，その学生にとってはあまり納得がいかないかもしれませんね」と，今日もゼミの授業に参加している大学院生の奥山先輩が言う。

「そうだね。納得いかないかもしれない。じゃあ，次の写真について考えてみよう。こちらの写真は，5人の学生が，7点，7点，7点，3点，1点と評定した。合計は25点で平均は5点だ。さっきの顔写真と同じ平均値なのだから，信用度は同じになる」

阿川さんが手を挙げる。「同じだと考えていいのでしょうか。7点の人が3人いますが，1点の人もいます」

「となると，どういう状況が理想的だといえるだろう」。先生は尋ねる。

少し間を置いて，阿川さんが答える

「5人全員が，5点をつけたときではないでしょうか」

江熊先生は「そのとおり」と言って続ける。「5人の評定者が全員，同じ得点をつけたときが，もっとも意見が合致するときだといえる。こういう意見の一致を評価するための指標が，いくつか考えられている」

先生は一息おいた。

「たとえば，評定者が2人だとしよう。ここに1枚の顔写真がある。そして，評定者はこの顔が『信用できる』か『信用できない』かの二者択一で判断する。すると，2人の評定を組み合わせて4通りになる」

		評定者 A	
		信用できる	信用できない
評定者 B	信用できる	①	②
	信用できない	③	④

　「この 4 つのうち，①と④は 2 人の評定が一致した組み合わせで，②と③は不一致の組み合わせになる。この調子で，100 枚の写真を判断していくとしよう」

		評定者 A		計
		信用できる	信用できない	
評定者 B	信用できる	① 30	② 20	50
	信用できない	③ 10	④ 40	50
	計	40	60	100

　「①と④の判断が，②と③の判断よりもずっと多ければ，2 人の判断は一致しているといえる。このとき全体の中での①と④の比率を算出すると次のようになる」

（① 30 +④ 40)/100 = 0.7

　「これでもよさそうなんだけれど，2 人の判断が偶然一致する確率がこの結果を押し上げてしまっているかもしれない。そこで，偶然の一致をここから引くことを考える」
　ここからたまたま一致する確率を引くことで，本当に一致する確率になるというわけか。
　「まず，評定者 A が『信用できる』と判断した写真のうち，評定者 B がたまたま『信用できる』と判断する確率を考えてみる。A が信用できると判断したのは 100 枚中 40 枚，B が信用できると判断したのは 100 枚中 50 枚だね。これ

を掛け合わせることでその数値が計算される」

たまたま「信用できる」で一致：40/100 × 50/100 = 0.2

「次に，評定者 A が『信用できない』と判断した写真のうち，評定者 B がた
また『信用できない』と判断する確率についても考える。A が信用できない
と判断したのは 100 枚中 60 枚，B が信用できないと判断したのは 100 枚中 50
枚なので，この確率を掛け合わせる」

たまたま「信用できない」で一致：60/100 × 50/100 = 0.3

「そして，たまたま信用できる確率とたまたま信用できない確率を足すこと
で，A と B の判断が偶然一致する確率が算出される」

偶然一致する確率：0.2 + 0.3 = 0.5

「これらの数値から，判断の一致率の評価によく使われる，κ（カッパ）係数
という数値を求めることができる」

κ =（実際の一致率 − 偶然一致の確率）/（1 − 偶然一致の確率）

「この場合は，次のようになるね」

κ =（0.7 − 0.5）/（1 − 0.5）= 0.2/0.5 = 0.4

「というわけで，κ 係数は 0.4 と計算された」
「先生，その値はいいのですか，悪いのですか？」。阿川さんが尋ねる。
「0.4 という数値は，よくも悪くもないかな。0.4 を超えて 0.6 くらいまでな
らまあまあ一致，0.6 から 0.8 の間くらいならかなり一致，0.8 を超えるとほぼ
一致とされることもある。0.4 を下まわるとやや低くて，0.2 を下まわるとあま

り一致しているとはいえない」

「クロス集計表の組み合わせの数字を見ると，ずいぶん一致しているように見えるのですけどね」。奥山先輩が，ホワイトボードを指さしながら言う。

「そうかもしれない。データを見ただけでは判断しづらいかもしれない」。先生は言う。

「先生，いまは信用できるかできないかという2つの判断でしたが，段階がもっと細かい場合はどうなるのでしょうか」。奥山先輩が言う。

「段階がもっとあっても，2人が多くの写真を判断するのであれば，κ係数を算出することはできる。まあ，ここでは計算は省略しよう。だから，評定者が2人であれば，この係数を使うことができる」

評定者が複数

「先生」。私は疑問に思った。

「はい，庭瀬さん」

「先ほどの例は，2人で100枚の写真を判断しています。でも，最初の例は，1枚の写真を5人で判断していました。人数も評価をする対象も，数が違うように思います」

「そのとおり」。先生は言う。「それぞれの評定の仕方で，どんなことがわかるのかをイメージするといいんじゃないだろうか」

先生は続ける。

「たとえば，1人の評定者が1枚の写真を5回評定したとする。ここからわかるのは，その評定者が同じ対象に対してどれくらい一貫した得点をつけたのか。そしてどれくらいばらついているのか」

私たちは頷く。

1人の評定者 → 1枚の写真×5回評定

「それを100枚の写真に対して行う。1人が100枚を評価して，次にまた同

じ 100 枚を評価して，また同じ 100 枚を評価する。このように評価を 5 回繰り返す。順番による影響を受けないように，写真は毎回，ランダムに並び替えよう。すると，1 人の評定者の評価がどれくらいばらついているのかという情報とともに，写真の種類の情報もデータの中に含まれることになる。写真の種類によって，得点が高いものと低いものが出てくるし，写真によって一貫した評価をしやすいものとしにくいものがあるかもしれない」

```
1 人の評定者  →  100 枚の写真 × 5 回評定
```

先生は続ける。
「さらに，評定者を複数にしてみる。5 人が 100 枚の写真を 1 回ずつ評価する。そして，1 枚の写真に注目する。すると，5 人の意見がどれくらい一致しているのかを判断することができるようになる。評定者によってどれくらい評価がばらつくのか，という情報もデータの中に含まれてくる」
私たちは頷く。

```
5 人の評定者  →  100 枚の写真 ×  1 回評定
```

「ただしここでは，写真によって評定者が入れ替わるのか，100 枚の写真をずっと同じ 5 人が評価するのかという問題もある。100 人の評定者を 20 人ずつ 5 つのグループに分けるとしよう。100 枚の写真のうち，1 人につき 5 枚の写真を評価するんだけど，どの写真を評価するかはランダムに決められる。この場合，『誰がずっと得点を高くつけるか』とか『誰の評定のばらつきが大きいか』という問題は，ほとんどわからなくなる。誰がどの写真を見るかは予想できないからね。この場合には，それぞれの写真の評価がどれくらいなのか，どれくらい評価がばらつくのか，写真によってどれくらい評価の得点やばらつきが生じるのか，ということがデータに含まれてくる」

```
5 人の評定者（ランダム）  →  100 枚の写真 × 1 回評定
```

「じゃあ次に，5人の評定者を同じ人物にしてみよう。すると，何が起きるだろう。Aさんはずっと低い得点をつけがちで，Bさんは最低点と最高点を極端につけがちで，Cさんはずっと得点が高めで，Dさんは……と，それぞれの評定者の『個性』が，データに反映するようになる」

5人の評定者（固定） → 100枚の写真×1回評定

「さらに，これを3回繰り返したらどうなるだろう。5人の評定者が，100枚の写真を時間をおいて3回評定する。もちろん，写真は毎回ランダムに並び替えられる。1人あたり合計300回の評価だね」

5人の評定者（固定） → 100枚の写真×3回評定

「先生，その実験で私は評定者になりたくありません」。誰かが言う。

「まったくだね。非常に大変な作業をしてもらうことになる。でもこれをすると，それぞれの評定者の中に，評定が不安定な人と安定した人を見つけることができそうだ。評定者の情報と，1枚の写真の評価の情報の両方が，データの中に含まれる」

「もしかしたら，ちゃんと評定する人といいかげんに評定する人かもしれませんよ」。奥山先輩が言う。

「たしかにそうかもしれない。いずれにしても，このように見てくると，評定の仕方を変えることで，データの中にしだいに情報が増えたり，情報が変化したりすることがイメージできるだろう」

先生が答え，続ける。

「1人の評定者が，同じ対象に対して複数回にわたって評価することを，評定者内信頼性と呼ぶ。ここには，1人の評定者が，複数の対象を何度か繰り返して評価する，ということも含んでおこう」

評定者内信頼性：1人の評定者が対象を繰り返し評価

「何か例は思い浮かぶかな」

「お医者さんが複数の患者を3回ずつ診断するというのはどうでしょう」

「1人の人が，あるアーティストの複数の曲を聞いて印象を評価するのを5回繰り返す，とか」

学生たちから例が挙がる。

「いいだろう。では次に，評定者が複数いる場合を考えてみよう。複数の評定者が同じ対象に対する評価をして，どれくらい一致するか。これを評定者間信頼性と呼ぶ。ここには，対象が複数になる場合も含まれる。複数の評定者が，複数の対象を評価したときに，どのくらい評価が一致するかという問題だ」

評定者間信頼性：複数の評定者が同一の対象を評価

「さらに，評定者間信頼性の中には，評定者がランダムで特定されない場合と，固定されていて特定される場合が含まれる。というわけで，今回読んだ論文の場合は……」

「評定者間信頼性で，評定者は特定されないパターンにあたる，ということになります」。私が答える。

「そうだね。じゃあ，評定者が固定されている例については，何か思い浮かぶかな」

私は，あっと思った。先日の漫才コンテストか……。

「先生，こういうのはどうでしょうか。15組の漫才師が登場します。5人の審査員がそれぞれの漫才を100点満点で評価する」

「審査員の5人は固定されていて，評価対象は15組の漫才だね。いいんじゃないかな」。そして先生は小さな声で続けた。「そういえば今朝，原須先生にそんな話を聞いたような……」

えっ？ 先生は，原須先生から先日の審査の様子を聞いたのだろうか。

「まあいいや。話を戻そう」

あとで江熊先生にどんな話だったのかを聞くことにしよう。

「さて，というわけで，さっきの論文の中では級内相関係数という数値が計算されていたはずだ」

級内相関係数（intraclass correlation coefficient: ICC）

「級内相関係数には 3 つのパターンがあって，いま説明した，評定者内信頼性，評定者が固定されない評定者間信頼性，評定者が固定された評定者間信頼性にあたる。級内相関係数のあとにカッコをつけて，2 つの数字でタイプを表す。ひとつ目の数字が 1 のときは評定者内信頼性。2 は評定者がランダムで特定されないとき。3 は評定者が固定されて特定されているとき。そして 2 つ目の数字が 1 のときは評定者が 1 回，それ以上のときは k にその数字を入れる」

ICC (1, 1), ICC (1, k)：評定者内信頼性
ICC (2, 1), ICC (2, k)：評定者間信頼性（評定者非特定）
ICC (3, 1), ICC (3, k)：評定者間信頼性（評定者特定）

「先ほどの論文で報告されている級内相関係数は，ICC (2, 1) だと書かれている。評定者が固定されておらず，1 回評定する評定者間信頼性ということだ。計算された数値はいくつだったかな」

「0.65 です」。発表した学生が答えた。

「まあまあ悪くない値だ。級内相関係数がいくつだといいかという目安は明確ではない。だが，0.7 を超えると十分な値だと判断することが多いようだ。0.2 を下まわるといまひとつで，0.5 くらいあればまあまあだと判断するかな」

「はっきりした基準はないのですね」。私が言う。

「級内相関係数は統計的に有意かどうかも検討する。そして，有意な値であれば結果を解釈していく，という研究もけっこう見かける。相関係数と同じで，高いかどうかよりも，どういった文脈でその数値を見るかによるのだろうな」

「他にも，級内相関を使う研究があるのですか」。奥山先輩が言う。

「級内相関は，集団の類似性を表すときにも用いられる。たとえば，複数の国の人々に幸福度を調査して，それらの国の間で幸福度の平均値を比較するような研究の場合だね。そもそも，国の中で幸福度にある程度まとまりがないと比較することに意味はない。ある国は別の国よりも全体的に幸福度が高いとい

うためは，国ごとに幸福度の得点がまとまっていて，全体的に高い傾向，低い傾向が見られることを前提とする。このようなときに，級内相関係数を算出して，集団ごとに得点にまとまりが見られるかどうかを確認してから，分析を進めることがある」

私は頷く。

「またたとえば，夫婦 50 組，男女ペア 50 人ずつのデータを集めたとしよう。生活満足度は，ランダムな男女の組み合わせに比べて，実際の夫婦のペアで似た得点を示すはずだ。つまり，夫婦ごとに得点にまとまりがあるかどうかを検討することになる。このようなときにも級内相関係数を使ってまとまりを評価することができる」

こういうときにも使えるんだ……。さらに先生は続ける。

「また別の例としては，多くのクラスで小学生を対象に学級の雰囲気について調査をすると考えてみよう。学級の雰囲気なのだから，あるクラスの雰囲気は別のクラスの雰囲気とは異なるはずだ。でも，生徒によってそれぞれの感じ方もある。こんな場合に，クラスごとに得点に学級の雰囲気のまとまりが見られるかを検討する際にも，級内相関係数を使うことができる」

級内相関係数は，いろいろなところで用いられているのだということが理解できた。

尺度の場合

「さて，もう少し話を進めようか」

先生は続ける。

「質問紙調査で，協調性を測定する 5 つの質問項目があるとしよう。評価の対象者は自分自身で，もちろん自分で回答する。調査対象者は 100 人」

学生たちが口々に言う。

「自分で，自分について回答するのですよね」

「100 人のうち何人かをランダムに選ぶのではなく，100 人全員が回答する」

「質問が 5 つある」

先生は頷きながら,「そうそう」と答えていく。

「このとき,5つの質問項目すべてを含む,尺度全体の信頼性がどうなっているのかを考えるんだ」と,先生は言った。

「信頼性というのは,安定して測定できているかを問題にするということですよね」。私が確認のために口にする。

「前回の授業で触れた信頼性は,再検査信頼性と呼ばれるものだった。時間の間隔を空けて2回調査を行って,その間の順位の安定性を検討する方法を指していた」

私たちは頷く。

「もうひとつの信頼性の考え方は,複数の評価が一致しやすいかどうかを意味する。それが今回の授業で出てきた信頼性の考え方だね」

「2回の調査をしなくても,信頼性を評価することができる」。私が言う。

「こう考えたらどうかな。5人の評定者が,100人の対象者の協調性を評価するとしよう。そして平均値を計算して,各個人の協調性の程度となる。5人の評定者は,同じ協調性を評価しているんだけれど,個々によって少しずつ評価の観点が異なる。でもそれぞれ異なる観点から評価して全体で協調性とまとめることに,意味があるかもしれない」

私たちは頷く。

「この5人の評定者が,それぞれ異なる5つの質問項目になった」

私は,5人の評定者が質問項目に置き換わっていくことをイメージした。なるほど。そう考えると,5人の評定者の意見がどの程度一致するかではなく,5つの質問項目がどれくらい同じようなことを測定しているのかを検討することになる。だから,5つの質問項目全体で,信頼性係数を算出することになっていく。

「複数の評定者が,複数の質問項目に置き換わったのですね」。私が言う。

「評定者は特定され,固定されている。多くの質問項目からランダムにいくつかを選んだわけではない。ということは,さっきの級内相関係数のパターンでいえば」

「3つ目の級内相関係数」

「評定は1回だけなので,ICC(3,1)ということになる」

「先生，実際に級内相関係数が質問項目の評価に用いられるのでしょうか」。奥山先輩が言う。

「質問項目とか心理検査を開発する場合，級内相関係数を用いて検討している研究はあるけれども，あまり見ないかな」

そうなんだ。

「このあたりも，順番に考えていこう」

先生はそう言うと，板書をしながら話しはじめた。

「まず，内容的にほぼ同じと考えられるテストを同時に実施するという方法を考えることができる。たとえば，2つの協調性の尺度を同じ集団に実施する。そして，どれくらい相関があるのかを検討する。どちらも同じ協調性を測定する尺度なのだから，時間をおいて2回調査や検査を行うことを，1回にまとめたと考えることもできる。こういうやり方を，平行検査法という」

平行検査法：同じ内容と考えられる複数の検査を同一対象の集団に実施

「次。とはいえ，都合よく同じものを測定する尺度や検査が複数あるとは限らない。用意した尺度が同じものを測定するということを明確にするのも難しい問題だ。そこで，内容を分けて検討しようと試みる方法が，折半法と呼ばれる。たとえば20項目からなる協調性の尺度があるとしよう。そして，偶数番号の質問項目と奇数番号の質問項目に分けて，偶数番号の合計得点と奇数番号の合計得点の相関係数を算出する」

「その相関係数が信頼性の指標になるのですね」。阿川さんが言う。

「この相関係数（r）から，『スピアマン = ブラウンの公式』という公式を使って……」

信頼性係数 = 2r/(1+r)

「これが，折半法で求める信頼性係数になる。スピアマンとブラウンは研究者の名前だね。相関係数から信頼性の値に近づけるために補正した値が，結果として求められる」

スピアマンの名前は，以前読んだ本で見た覚えがある。細かいことはわからないけれど……とにかくこの公式を使う，ということを覚えておこう。

「複数の質問項目があって，それで何かを測定する，というときに折半法はやりやすそうだけれど，偶数番号と奇数番号とか，前半と後半とか，ある1項目と残りすべての合計得点とか，いろいろな組み合わせが出てきてしまう。そして，どの組み合わせ方をとるかで，違う数値が出てきてしまう」

それは……ちょっと困るかも。

「そこで，すべての折半法の組み合わせで相関係数を算出して，それらの相関係数の平均を求めることができたらいい。そこで考え出されたのが，クロンバックの α（アルファ）係数とか，たんに α 係数と呼ばれる数値だ」

クロンバックの α 係数：内的整合性，内的一貫性の指標

「α 係数は多くの研究で用いられていて，内的整合性や内的一貫性の指標として解釈されます」。奥山先輩が言う。

先輩の言うとおり，たしか以前読んだ論文には，α 係数の値が書いてあったな。

「今回の論文には，α 係数は出てこなかったかな。前回ゼミで取り上げた論文なら載っているか」。先生は言う。私たちは前回のゼミで読んだ論文を取り出して，数値を探す。

「前回の論文で報告されている値は，0.82 です」。私は数値を探して答えることができた。

「この数字は，どう解釈すればいいのでしょうか。信頼性は高いのですか，それとも低いのでしょうか」。菊原さんが尋ねた。

「0.8 を超えているので，十分な値だといえるだろう。研究によって違ってくるけれど，0.7 とか 0.8 くらいあれば，α 係数は問題ないとされることが多い。そうそう，論文では ω（オメガ）係数という値が報告されることもあるね。α 係数と同じように使える値だけれど，ω 係数は因子分析の情報も加味して求められる」

先生は続ける。

「前回，一時的な感情を測定するときには，再検査信頼性が低くてもかまわないという話をしたのを覚えているだろう。一時的な感情であれば，状況や経験したことによって変化するのはあたりまえだからね。このような場合，1週間隔とか1カ月間隔とか，間をおいて測定した感情同士の関連は，大きくないほうが望ましいかもしれない」

私たちは頷く。

「だけどそんなときでも，ある感情を複数の質問項目で測定しているのであれば，内的整合性は高いほうがいい」

同じ信頼性を評価するものなのに，再検査信頼性と内的整合性は，一致するわけではないのか。

先生は時計を見る。

「今日は時間がなくなってしまったね。妥当性の話は来週にしようか」

続きは来週か。これで終わり……と思っていると……。

「じゃあ次はこの論文で」

先生はそう言うと，コピーした紙を配りはじめた。

ああ，来週までに今度はこの論文と格闘するのか……。

原須先生の趣味

授業が終わり，教室から出たところで，江熊先生を呼び止めた。

「先生」

先生は立ち止まって，振り向く。

「庭瀬さん。どうしたの」

「先生，借りていた本，ありがとうございました」

以前，研究室にお邪魔したときに借りていた本を，先生に渡す。

でも，本題はそれではなくて……。

「じつは私，先日の日曜日に，原須先生が審査員をしていた漫才コンテストを見にいっていたのです」

「ああ，庭瀬さんは会場にいたんだね」

「今朝，先生は原須先生とそのことを話したのですよね。さっき授業の中でおっしゃっていたので」

「今朝，原須先生とロビーでお会いして世間話をしたときに，その話を聞いたね」

「どんなことをおっしゃっていたのですか」

「ああ……そうだね。うん。なかなか大変なイベントだったみたいだね」

「原須先生が，そうおっしゃっていたのですか？」

「ずいぶん疲れたと言っていた。それから原須先生って，じつはけっこうお笑いが好きなんだよ」

えっ……，そうなの？

「意外に思った？」。先生は，私の顔を見て言った。

「イメージに合わなかったので」

「ははは。僕も同じ印象だよ。あんなにお笑いにくわしいなんてね」

なのに，審査のときのあの採点は，何だったんだろう。

先生は続けた。

「原須先生が，落語が大好きなんだよね。昔の落語家のことも録音されたものをずいぶん聞いているようで，ものすごくくわしい。だから，漫才も原須先生なりの評価をしたんだろうなあ」

「それで，あの得点……」

「僕は会場にいなかったからわからない。だけど，原須先生は基本的に，2人でかけ合いをしながら話がうまく展開していく漫才に高めの点をつけたんじゃないかな。それに，審査員は会場から離れた別室だったから，会場の雰囲気や盛り上がりもあまりわからなかっただろうし」

「そういうことだったのですね」

「原須先生も驚いていたみたいだよ。自分がいいと思った漫才でも，他の審査員の得点が伸びなくて困ったって，ね」

たしかに，会場の盛り上がりがわからなかったり，評価をするときに観点が違ったりすれば，ずいぶん違う評価になるだろうな。

「あ，庭瀬さん」

「はい」

「あの漫才コンテスト，すべての出場者について，それぞれの審査員が何点をつけたのか，主催したサークルのウェブサイトに掲載されているはずだ。それを使ってさ」

　先生が言いたいことがわかった。

　「級内相関係数を算出してみたらどうか，ですね」。私は答えた。

　「そういうこと。α 係数も計算できるよ。どうなったか教えてね」

　先生は「じゃあ，これで」と手のひらを振りながら，歩いていってしまった。

　その姿を見ながら，じゃあ今晩，得点を調べてみようかなと思った。

第**6**週 ないよう

内容的妥当性

　今日は暖かい。

　私は，あおいに倉田君，そして阿川さんに菊川さんと一緒に，芝生の上でランチを楽しんでいる。

　「そういうわけで，江熊先生に言われて，先日見にいった漫才コンテストの採点結果を分析してみたの」

　私は，先週のゼミのあとに江熊先生に言われたとおり，級内相関係数を算出してみたのだった。

　「で，結果はどうだったの」。あおいが興味深そうに尋ねる。

　お笑いサークルのブログを探し出して，そこに書き込まれていた各コンビ，各審査員の採点結果を統計処理ソフトに入力して分析した。

　「級内相関係数は，0.4 くらいだったのよね」

　「それって，高いの？ 低いの？」

　「この前の授業で先生が言っていた基準では，そこまで悪い値というわけじゃなかった。それから α 係数も計算してみたら 0.8 くらいだったから，これは十分な数値」

　「ということは，原須先生の審査も，そんなにめちゃくちゃではなかったってことだよね」。倉田君が微笑みながら続ける。「でも，会場がざわつくくらいにはばらついていたんだろうけどさ」

　倉田君の言葉に，みなが笑う。

　私は，原須先生が落語にくわしいという話を 4 人に伝えた。4 人ともとても驚いた様子だった。

113

「予想外だね。人は見かけによらないな」。あおいが言う。

「原須先生って，授業は難しいけれど，流れはちゃんとしてると思ってたんだよね。きっちりしているというか。授業の最初のほうで前振りがあったら，最後のほうできっちり回収する感じ」。倉田君が言う。

「へえ。私は授業中，眠たかった印象しかない」。あおいが言う。

「いいかげんだな。原須先生の授業で，学習心理学の基本はしっかり押さえたよ」

「倉田君は，認知行動療法が専門の別府先生のゼミだよね」。阿川さんが言う。

「行動療法と認知行動療法とでは，背景にある心理学の理論が違うけどね。原須先生が担当している学習心理学の授業は，行動療法を理解するのに役立つよ」。倉田君が言う。

へえ。倉田君の話を聞いて，しっかり勉強している様子に感心した。

いつの間にか話題が，大学に入ってから経験したアルバイトのことになっていた。

「阿川さんは，どんなアルバイトをしているの」。あおいが阿川さんに尋ねた。

「私は，塾で算数を教えているの。大学1年生からだから，3年目ね」

「あ，いいな。俺，いちど塾講師をやろうとして，やめたことがあったんだよね」。倉田君が言う。

「どうしてやめたんだっけ」と，あおい。

「面接まで行ったんだけど，塾の雰囲気がよくなさそうでさ」

そういえば私たちが1年生のとき，倉田君はとある塾でのアルバイトに興味があったんだけど，結局はやめてしまった，という出来事があった。その塾では，生徒たちの合格者数をごまかしていたかもしれなかった，と聞いた記憶がある。

「阿川さんの塾は，倉田君が面接した塾とは違うんだよね」。私が言う。

「うん，地元にある中学受験を目指す子どもたちの進学塾。私は週に1回，10人くらいの小学生のクラスで算数を教えているの」

「中学受験の算数を教えるのって，大変じゃない？」

「本当ね。方程式を使って問題を解くことができればとても簡単なのに，それができないから。だけど私自身も中学受験の経験があるから，自分の経験を

伝えることができるのも楽しいかも」
「そうなんだね」
「じつは最近，こんなことがあって……」

テストの答え

　阿川さんの塾は進学塾なので，クラスが成績順に分かれているらしい。とは
いえ，アルバイトの大学生が任されるクラスは成績が下のほうのクラス。そこ
では，指導の内容がある程度の範囲で，個々の教員に任されているらしい。ア
ルバイトの教師であっても，生徒たちの学校の進度や理解度に合わせて柔軟に
教材を組み合わせたり，自分でテストを作って生徒たちの学習の様子を確認し
たりしながら，自分が担当している生徒たちに合わせた工夫をしていく。
　「自分で工夫をしていくのが楽しいのよね」。阿川さんが言う。
　「いろいろと考えたことを試していけそうだから，いいね」と，倉田君。
　「いま私が教えているのは成績が一番下のクラス。いろいろな子どもたちが
いるの。学校の授業にあまりついていけていない子とか，海外から働きに来て

いる人たちの子どもとか」

「そういう子たちも，中学受験を目指しているのかな」

「私立の中学校はそれぞれ教育に特色があるの。公立の中学校でなじめないような子でも，充実した学校生活を送ることができるケースがけっこうあるのよ」。横で話を聞いていた菊原さんが言う。「私もそうだったからね」

「へえ。そういうものなんだね」

「そうなの。トップ校を目指さなくても，入学試験はクリアしなきゃいけないから」

「それで，どういうことがあったの？」。私が尋ねる。

「ご両親が海外から日本に働きに来ている家庭の子がクラスにいるの。その子も受験しようとしているんだけど，なんだかうまくいかないのよね」

「どうして？」

「本当は，とても能力が高い生徒だと思う。授業の中で計算をさせると，ちゃんとできるのよね。でもどうしても，算数のテストでいい点が取れなくて」

「やっぱり，言葉の問題かな」。倉田君が言う。

「そりゃそうだよね。私が小学生のときにもし海外に連れていかれて，現地の言葉でいきなり勉強するように言われたら，きっと不登校になっちゃう」。あおいが続けて言う。

「普段の会話に関しては，日本語の問題はないと思う。でも，やっぱり難関は漢字の読み書きと，微妙な言いまわしじゃないかなあ」。阿川さんが言う。

「それって，日本で生まれ育った子どもでも難しいときがあるからね」と倉田君。

「算数のテストでも，問題文がところどころ読めていなくて，答えを導くべきところがズレていたりして。でも，勘違いした方向では答えは合っているの。もちろん，問題文を読み取れていないから，テストの答えとしては間違っているんだけど……」。阿川さんは，本当に残念そうに言った。

「数学の能力はちゃんとあるのに，テストで点数が取れないんだ」。私はとても残念に思った。

「でも，他の塾の先生たちや，塾長はそれをわかってくれないの。テストの結果だけを見ているから。私は授業で直接やりとりをしていて，彼の考え方が

わかるから，どこでつまずいているかがわかるんだけどね」

　そうなんだ……なんとかならないのかな。

ゼミの授業で

　翌日。私はゼミの授業に参加していた。

　「今回読んだ論文の中に，『内容的妥当性を検討した』という文章が書いてあったね。今回はこの話をしようか」

　論文を読んだあとで，先生が説明をしはじめた。

　「まずは『妥当性』という言葉から。妥当性というのは，何かの方法によって測定している内容が，本当に意図どおりに測定することができているかどうかという問題のことを言う」。先生はそう言って，ホワイトボードに書き込む。

妥当性：測定しようとする概念を測定できているかという問題

　「そもそもどのような測定も，測りたい概念を直接的に測っているわけではない，というところが基本だね」

　「直接測っていない……」。受講生の誰かがつぶやく。

　「そう。外向性でも好奇心でも，楽観性でも，抑うつでも，何でもいいんだけれど，こういった何かを説明する概念のことを，構成概念という」

　私たちは頷く。

　「そして，心理学ではこれらの概念を測定しようとする。でもどれについても，構成概念を直接的に測定するわけではない。それは学力でも知能でもなんでもそうで，直接そのものを測定することはない。何かを測ろうとするときには，常に間接的に測ることになる」

　「絶対にそうなのでしょうか」。今回もゼミに参加している，大学院生の奥山先輩が言う。

　「たとえば何があるかな。例は思い浮かぶ？」

　先生に尋ねられて，奥山先輩は考え込む。そして，口を開いた。

「あらためてそう言われると，困ってしまいますね……そうだな，体力テストはどうでしょうか」

「体力テストか。どんな内容があったかな」

「50ｍ走，立ち幅跳び，ハンドボール投げ，握力，反復横跳び，持久走……」

「ひとつずつが『テスト』だね。タイムを測定したり，距離を測定したり，回数を数えたりして，得点がつけられていく」

「そうです」。奥山先輩が答える。

「でも，それは体力を直接測定しているといえるのかな」。先生は奥山先輩に尋ねた。

「走ったり飛んだり投げたりしているので，直接測定していると言えるのでは……」

「それは本当に『体力』そのものなのだろうか」

江熊先生は，何度も同じ疑問を投げかけているように思える。

「つまり，体力の概念的定義ということですね」。奥山先輩は答え，江熊先生は頷く。

話を聞きながら私は，手元にあるラップトップ・コンピュータを開いた。体力の言葉の意味を探す。見つけた。

「先生，体力の意味を調べてみました」

「庭瀬さん。どんな意味が載っていたかな」

「身体の力，作業・運動の能力または疾病に対する抵抗力，と書かれています」

「運動ができるかどうか，だけじゃなくて，体全体の強さとか，病気になりにくさも『体力』という概念には含まれている，ということのようだね」

なるほど，そう考えると，学校で毎年測定していた体力テストの内容は「体力そのもの」というよりは「体力の一部」といったほうがいいのだろうか。

「さっき庭瀬さんが言ってくれた辞書の書き方だと，体力の中に，運動をする能力が含まれていると考えてもよさそうだね。そして，学校で行っている体力テストは，運動の能力を測定するものが多いと言えるかな」

先生は続ける。

「そして問題は，測定している内容が，概念の『範囲』を過不足なく，まんべんなくカバーできているかどうか。それを『内容的妥当性』という」

先生はホワイトボードに書き込んだ。

内容的妥当性：測定された内容が概念全体をどのように表しているかという問題

確かめる方法

私は，ふと疑問に思った。

「先生，内容的妥当性は，どうやって確かめることができるのでしょうか」

先生は私のほうを見て，微笑む。

「そういえば，今回の論文でも内容的妥当性が確かめられていた。そこには何と書いてあったかな」

そうだった。私は，論文を見直す。どこだろう……「内容的妥当性」の文字を探していく……あった。方法のセクションに文字を見つけた。

「研究者と大学院生が，質問項目の内容を確認しています。そして，『内容的妥当性が確認された』と書かれています」

先生は，私の言葉を聞きながら頷く。

「論文ではよくある書かれ方だね」

そうなんだ。

「内容的妥当性を確認するときのポイントは，まず概念の範囲をしっかりと決めておくことだ」

「概念の範囲をしっかりと決める，というのは，どういうことでしょうか」私が尋ねた。

「たとえば，さっき例に出た体力テストであれば，どこからどこまでを『体力』に含めるべきか，しっかりと考えることだよ」

どこからどこまでが「体力」……か。

「さっき辞書で調べてもらった内容によれば，体力には病気の抵抗力という意味も含まれているようだ。ということは，血液検査も体力テストに含めるか

な」

　いや，それは「体力テスト」というイメージからはずいぶん離れてしまうような……。

　「みんな，それはないだろうっていう顔をしている。だったら，ここで扱う『体力』というものが何を表していて，どこからどこまでを含むものであるのかをはっきりさせたうえで，どういったテストでここでいう『体力』を測定することができるのかを考えていくのがよさそうだ」

　「それは誰が判断するのでしょうか」。私は尋ねた。

　「ああ，そうだね。誰が見てもなんとなくよさそう，という判断のことを表面的妥当性と呼ぶことがある。『このテストなんだからこの概念を測定できているでしょう』と，なんとなく思うものといったらいいだろうか」

　「50ｍ走やボール投げは，体力テストとしてはよさそう，と私は思います」。私が言う。

　「いや，見た目がよさそうだからといってうまく測定できるとは限らないんだ」と先生は言う。

　「どういうことでしょうか」

　「体力テストならわかりやすいかもしれない。でも，質問項目で何かの心理特性を測定しようとする場合には，なかなか難しい場合がある。その質問でよさそうに思ったとしても，実際にやってみるとうまく測定できないということがある」

　「そうなのですか」

　「たとえば，パーソナリティ特性の協調性を測定しようとして『あなたはやさしい人ですか』という質問を用意したとしよう」

　「協調性を尋ねるのによい質問に思えます」。私が言う。

　「表面的にはそうだろう。でも，もしかしたら『あなたはやさしい人ですか』という質問に対して『はいはい，私はとてもやさしい人です』と肯定的に答えてしまうような人というのは，もしかしたら本当はたいしてやさしい人ではないかもしれない」

　私は，なんとなくそういう人を想像して，クスッと笑ってしまった。

　「やさしい人というのは，そもそも自分自身を謙遜して捉える傾向があるか

もしれない。だから自分で『オレはとてもやさしいよ』なんて言う人はもしかしたらたいしてやさしくなくて，『自分ではそう思ってはいないけれど，人からはよくそう言われる』という表現のほうが，うまくその人の協調性を測定できるのかもしれない」

　なるほど……たしかに，そういうことがありそうに思える。

　「だから，協調性の高い人が自分自身をどのように捉えているのか，そしてどのような質問にどう回答すると予想されるのか，こういったことを専門家として判断しようとするわけだね」

　「それで，論文の中では内容的妥当性について，大学院生と研究者が判断したと書いてあるというわけでしょうか」。奥山先輩が言う。

　「ああ，いや，本当にそういうことをしているかどうかは，論文だけからはわからない。でも，可能ならそうあるべきだろうね」

　先生は続ける。

　「さっきも言ったように，内容的妥当性を考えるときには，まず概念をしっかりと定義すること。どこからどこまでが概念の範囲なのか。また階層構造があるのか。たとえば数学の学力という概念の下に，計算能力とか図形の処理能力とか，証明の能力とか，下位の概念を設定することだね。こういったことを明確に考える必要がある」

　私たちは頷く。

　「そして，測定しようとする内容が，概念をうまく表しているのか。本当にその問いで，測定しようとする内容を把握することができるのかどうか。質問項目で測定するなら，本当にある特徴をもつ人たちが，その質問項目に『当てはまる』と答えるだろうか。そういったことを考える」

　私たちは，また頷く。

　「そして，概念全体を過不足なくカバーしているかどうかを考えていく。ある質問で概念のこのあたりを測定する。次の質問では，このあたりを測定する。また次の質問ではこのあたりを測定する，と考えていく。もちろん，最初に概念をしっかりと設定しないと，このことをうまく考えることはできない」

　「そういったことを，専門家が判断するというのが，内容的妥当性の検討ということになるのですね」。奥山先輩が補足する。

「そういうことだ。でも，どうだろうね。もちろんこれをするのが理想だけれども，実際の研究の中でこれらのことはちゃんと実行されているのかなあ……」

先生はそう言うと，少し視線を下に向けて黙ってしまった。

┃ バランス

「ああ，ごめんごめん。少し考え込んでしまった」

先生がそう言うと，時間が動きはじめた感じがした。

「以前，内的整合性の話をしたことがあった」

「信頼性ですね。α係数やω係数」。阿川さんが言う。

「そのとおり。内的整合性や内的一貫性と呼ばれる信頼性は，複数のテストの測定が，全体的に同じ方向を向いているかどうかで確認される」

「先生，同じ方向を向いているかどうかは，どうやって確かめるのでしょうか」。阿川さんが尋ねる。

「テストの間の相関係数を算出してみればいいね。あるテストと別のテスト，また別のテストとの間に，プラスの相関係数が得られるのであれば，それらのテストは同じ方向を向いていると言える」

私は，ふと疑問に思った。

「ということは，相関係数が高くなると，α係数も高くなるのでしょうか」

「そのとおりだよ，庭瀬さん。複数のテストによって測定された複数の得点の間の相関係数が高いほど，α係数は高くなる」

私は頷く。

「そして，もうひとつα係数を高める要因があるんだ」

先生は続けた。もうひとつの要因というのは，何だろう。

「それは，テストの『数』だよ。質問紙で測定する心理尺度では，質問項目の数だね。ある概念を測定しようとしている質問項目の数が多くなればなるほど，α係数は高くなっていく傾向がある」

「となると，複数の質問項目から得られた得点の間の相関係数が高いほど，

また項目数が増えるほど，α係数は高まるということですね」。阿川さんが確認する。

「そういうことになるね。たとえば，互いに0.7の相関関係にある2つの質問項目があれば，α係数は0.8を超えるくらいになる」

私たちは頷く。

「また，お互いに0.6の相関関係にある3つの質問項目があっても，α係数はおおよそ0.8くらいになる」

さっきよりも，質問項目同士の相関係数が低くなったのに，項目数が増えればα係数は0.8なんだ。

「さらに，お互いに0.4の相関関係にある質問項目が6つあれば，α係数はだいたい0.8になる」

質問項目同士の相関係数が，さらに下がった。でも，α係数は0.8のまま。

「そして，お互いの相関係数が0.2の質問項目が16項目あっても，やはりα係数はだいたい0.8になるんだ」

相関係数が0.2……とても小さな相関関係なのに，16項目が集まれば，α係数は0.8になる。

先生は，ホワイトボードにまとめる。

α係数が0.8以上になる可能性がある組み合わせ

・2項目＋互いの相関係数0.7

・3項目＋互いの相関係数0.6

・6項目＋互いの相関係数0.4

・16項目＋互いの相関係数0.2

質問項目数が少なくなっても，互いの相関係数が大きくなればα係数は0.8。互いの相関係数が小さくなっても，質問項目数が増えればやっぱりα係数は0.8。

先生は話を続ける。

「さて，質問項目同士の相関係数というのは，何を表すんだろうね」

どういうときに，相関係数が高くなるんだろう。

「簡単にいえば，質問項目が似ているときに相関係数は高い値になる。このとき，ある質問項目に『はい』と答える人が別の質問項目にも『はい』と答えがちで，ある質問項目に『いいえ』と答える人が別の質問項目にも『いいえ』と答えがちになる。こんな場合に，相関係数が高い値を示す」

似た質問項目か……たとえば，「私は自分に自信がある」という質問項目と，「私は自分に満足している」という質問項目だったら，お互いに相関係数は高そう。

「じゃあ，極端な例を考えてみようか」

「極端な例，ですか」。奥山先輩が言う。

「複数の項目があるときに，いちばんお互いの相関係数が高くなるのは，どんなときだろうか」

クラスにいる私たちは，考えはじめる。「あ」と声が上がった。

「先生，同じ質問を用意するというのはどうでしょうか」。発言したのは，菊原さんだ。

「そうだよ。そのとおり」。先生は菊原さんの言葉に反応する。「『自分に満足している』という質問を用意して，『当てはまらない』『どちらかというと当てはまらない』『どちらでもない』『どちらかというと当てはまる』『当てはまる』という 5 段階で回答を求める。『当てはまらない』を 1 点，『当てはまる』を 5 点としておこう」

「よくある質問項目ですね」と，菊原さん。

私がさっき考えていた質問項目によく似た例が先生の口から出てきたので，ドキッとする。

「そして，まったく同じ質問が 5 つ並んだ尺度を作る」

先生はそう言って，ホワイトボードに尺度の例を書いた。

```
  あなたは次の質問にどれくらい当てはまりますか。もっとも当てはまる数字を答
えてください。
  1：当てはまらない，2：どちらかというと当てはまらない，3：どちらでもない，
4：どちらかというと当てはまる，5：当てはまる


  ①  自分に満足している  ……  1    2    3    4    5
  ②  自分に満足している  ……  1    2    3    4    5
  ③  自分に満足している  ……  1    2    3    4    5
  ④  自分に満足している  ……  1    2    3    4    5
  ⑤  自分に満足している  ……  1    2    3    4    5
```

　私はホワイトボードに書き込まれていく文字を見ながら，ナンセンスなコン
トを見ているような気持ちになった。

　「どうだ。バカバカしいだろ」と先生は言う。「たまに天邪鬼な回答者が違う
数字を選んだり，『これは何か別のことを試されているのかもしれない』と疑
い深い回答者が違う数字を選んだりすることがあるかもしれない。でも，同じ
質問が5つ並んでいるのだから，大部分の人は同じ数字を上から下まで揃える
だろう」

　「すると，質問項目同士の相関係数は1.0に近づくのですね」。阿川さんが言
う。

　「そして，α係数も1.0に近づく」。菊原さんが続ける。

　「限りなく内的整合性は高くなって，1.0に近づく。でも，この尺度はムダが
多い。5つも質問項目が必要だとは思えない」

　先生は言った。たしかに，同じ質問をこれだけ並べることに意味があるとは
思えない。最初の質問だけで，聞きたいことは聞けてしまっているはず。

　「似た質問ばかりを集めると内的整合性が高くなる。ということは，内的整
合性が高くなるほど，限られた意味の範囲だけを尋ねていることを意味してい
る」

　極端に内的整合性を高める方法が同じ質問を集めることだとしたら，α係数
が高ければ高いほどいいというわけではないことになる。

「そして，概念には『範囲』がある。だから，ある概念を全体的にまんべんなく測定するには，それぞれの質問項目が測定する範囲がばらつかなければいけない」

「すると，内的整合性は低下していく」。奥山先輩が言う。

「そうなる。だから，概念の意味範囲を十分にカバーすることと，内的整合性との間には，トレードオフの関係があるといえる。つまり，こっちを立てればあっちが立たず，あっちを立てればこっちが立たず，といったような関係のことだな」

概念の広さを求めれば内的整合性は下がり，内的整合性を高めようとすれば概念の範囲をカバーできなくなっていく……と，私はふと気になったことについて発言した。

「先生，質問項目を増やしていけば内的整合性も高まるのですよね。そして，質問項目同士の相関係数が低くても，質問項目が増えれば α 係数は高さを保つことができます」

先生は私のほうを見て，「そのとおり」と言った。

「いま庭瀬さんが言ったように，そんなに似た質問項目ではなくても，多くの質問項目を集めれば内的整合性は維持される。だけど，次に何が起きるか」

何が起きるんだろう。

「それは，回答するときの労力の問題だよ。多くの質問項目に回答するのは大変だし，調査に参加する動機づけも損なわれてしまう。ある概念を測定する質問項目が多くなると，別の概念も含めて複数の概念について同時に調査する研究で使いづらくなってしまう」

先生はそう言うと，さっき書き込んだ板書に次のように付け加えた。

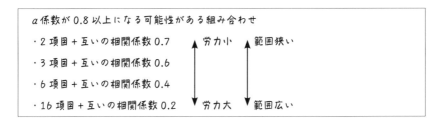

α係数が0.8以上になる可能性がある組み合わせ

・2 項目 + 互いの相関係数 0.7
・3 項目 + 互いの相関係数 0.6
・6 項目 + 互いの相関係数 0.4
・16 項目 + 互いの相関係数 0.2

労力小 ↕ 労力大　　範囲狭い ↕ 範囲広い

「互いに相関が高く，質問項目が少ない尺度は回答の労力はかからない。しかし概念をカバーする範囲は狭くなってしまう。互いの関連が低く，質問項目が多い尺度だとカバーする概念の範囲は広くなるけれど，回答に労力がかかるようになって，使いづらくなってしまう」

「まさに『トレードオフ』ですね」。奥山先輩が言う。

「だから，とても質問項目が少ない尺度を作るときには，あえて内的整合性を高めずに，測定する範囲を広くカバーすることを意図して尺度構成を行うという研究もある。このあたりは，全体のバランスの中でどこに比重をおくか，という問題だろうね」

なるほど。何かを重視すれば何かで問題が生じるのだから，あとは何を重視するか，どこでバランスをとるかという問題になるのか。

幅 と 焦 点

「それから，ある限られた範囲だけを測定することに意味がない，というわけでもない」。先生の話は続く。「こんな言葉があってね」

先生はそう言うと，ホワイトボードに次のように書いた。

帯域幅と忠実度のジレンマ（bandwidth-fidelity trade-offs）

「英語だと，bandwidth-fidelity dilemma と書かれているものもあるし，fidelity を先に書いて fidelity-bandwidth と書かれてある文献もあったように思う。日本語だと『帯域幅と忠実度のジレンマ』と呼ばれることが多い。どの表現でも同じようなことを指しているんだけれど，まさに狭い範囲を測定することと広い範囲を測定することとの間のトレードオフやジレンマを表す言葉だね」

帯域幅とか忠実度と言われても，ちょっとよくわからないな……。たぶん，そう思ったのは私だけではないのかもしれない。先生は私たちの顔を見まわして，説明を付け足した。

「帯域幅というのは，電波や音の周波数の波の大きさのことだね。どれくら

いの広さをもっているかということを表す。忠実度は，何かに一致させるイメージだね。そうそう，ダーツの的のようなものをイメージするといいんじゃないだろうか」

　先生はそう言うと，同心円を 3 つ描いた。

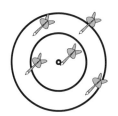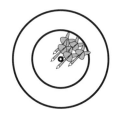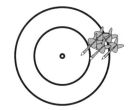

　「帯域幅はこの的全体を表していて，忠実度は矢の集まり具合を意味する。上手なダーツの選手は，もちろん中心を狙うよね。でも心理学の測定だと，中心ばかりに当てる上手なダーツの選手は……」

　「概念の範囲を十分にカバーすることができない」。奥山先輩の言葉に，先生は頷く。

　「中心だけを狙ってそこに集中して当たれば，中心近くのことはうまく予測できる。でも，そこから外れた部分はまったく予測できなくなってしまう。ダーツの矢が当たっていないからね」

　「どういうことでしょう」。私が尋ねた。本当に，どういうことだろう。

　「そうだね。たとえば数学の能力について考えてみよう。計算問題ばかり用意した数学のテストを用意する」

　「それは，計算以外の能力を測定できないということで，内容的妥当性に欠けるということですよね」

　「そう。でも，計算問題だけでできたテストは，計算の能力をいちばんよく予測することができる。図形や行列や証明問題が含まれているよりもね」

　私は「あっ」とつぶやいた。そういうことか。限られたことだけを尋ねる心理学の尺度は，たしかに本来測定を試みている広い範囲の概念を測定することはできない。でも，尋ねていることについては，確実に測定することができる。むしろ，他の部分の質問項目が入ることで，純粋さが失われていくことになる。

私は次のように言った。

「『自分に満足している』という質問項目は，その人が自分に満足しているかどうかについては確実に測定することはできる，ということですね」

「そう。だけど，自尊感情とか自己受容とか，生活満足度とか，ウェルビーイングとか，何かの『概念』を測定するという目的のためには，概念をカバーする範囲が足りない」

「ということは逆に，自尊感情とか自己受容という概念を全体的に測定することができたとしたら，その人がどれくらい自分に満足しているかは，『自分に満足している』という質問だけを用意したときに比べて，あまりうまく予測できない，ということになるのでしょうか」

「庭瀬さん，そのとおり。それこそが，帯域幅と忠実度のジレンマという言葉で表現される内容なんだ。計算問題だけを用意して得点を算出すれば，その人がどれくらい計算ができるかをうまく予測できる。それに対して，数学のテスト得点全体を用意すると，その人がどれくらい計算できるのかを，そこまでうまく予測できるわけではなくなってしまう」

私たちは頷く。それが，ある問題を忠実に予測するということか。

「でもその代わり，計算問題だけではその人がどれくらい図形の問題を解く能力があるのかはうまく予測できない。でも，数学のテスト全体の情報があれば，図形の問題を解く問題も，行列の問題を解く能力も，証明問題を解く能力も，そこそこ予測することができる」

「それが『帯域幅』ということなのでしょうか」。私が言う。

「そう。そして，心理学の概念を用いることの意義でもあるんだろう。多くの結果を，そこそこの確率で予測するような概念を設定して，その概念を使って研究していくのが，心理学の研究でやっていることだとも言える……だろうか」

それが心理学というもの……。

「いろいろな結果を予測できる概念ほど，多くの研究者が興味をもつ傾向があるんじゃないかな」。先生が付け加える。

「そういうことがあるのですね」。私が言う。

「心理学の歴史の中で，いちばんいろいろなことを説明してきた概念のひと

つは，多くの人が知っている『知能』だと思うんだ。そして，知能指数の高さ
は，学力，学歴，仕事の成功，収入，そして長寿まで『予測』する研究がある。
知能を研究するなかで，僕たちの人生の多くの領域に関連することがわかって
きた。だからこそ，世界中の研究者たちがこの概念に注目して，多くの研究を
してきたと言えるんじゃないだろうか」

　先生が言うように，いろいろなことを予測できる概念は注目を集めそう。そ
して，それを高めれば人生がうまくいく，ということになりそう。

　と，先生は時計に目をやった。そろそろ今日の授業も終わりかな。

　「じゃあ，今日はこれくらいにしておこう。次回はこの『予測』の話をしよ
うかな。まあ，覚えていればね」

　先生はそう言うと，「じゃあこれで」と手を振りながら，教室から出ていっ
た。

▍決　意

　ふと顔を上げると，目の前に阿川さんが立っていて目が合った。

　なんとなく，言いたいことがわかる気がする。

　「私が悩んでいた問題って，内容的妥当性から考えればよかったみたいね」

　阿川さんが言う。私はその言葉に頷く。

　「うん。本当は算数の能力を測定しないといけないのに，日本語が苦手だか
ら問題をうまく解くことができないということだから，内容的妥当性だね」

　「そうなの。でも，どうしたらいいのかな。そこがよくわからない」

　「そうだよね……」

　阿川さんは，ふっと息をつく。

　「うん。でも，同僚の先生や塾長に，しっかりと伝えていかないとね。アル
バイトとはいえ，子どもたちを教えているんだし。教えているっていうことは，
子どもたちの将来に影響を与えているんだから。責任がある」

　私は，阿川さんの目を見た。何かしらの決意が込められたような雰囲気が感
じられる。

「アルバイトの立場だと，言いにくいこともあるよね」。私が尋ねる。

「大丈夫。今日の授業を聞いて，はっきりと理解できた気がするから，少しずつでも説明していこうと思う」

私は，阿川さんの言葉を聞いて，微笑みながら頷いた。

スマホに通知が来る。

「阿川さん，あおいたちと夕食に行くの。一緒にどうかな」

阿川さんも微笑む。

「よし，じゃあそこで，説明の練習をさせてもらおうかな」

「いいよ」

私は立ち上がり，阿川さんと一緒に教室をあとにした。

第7週 よそく

ゼミの授業までもう少し時間がある。校舎に向かって歩いていると，阿川さんが話しかけてきた。

「庭瀬さん，こんにちは」

「阿川さん。今日はすごく暑いね」

私が答える。

「本当ね。すっかり夏になっちゃったみたい」

5月も末になったからだろうか，今日は暖かいというより暑く，立っているだけで汗ばんでくる。私も阿川さんも，周囲の学生もみな，一気に服装が夏仕様になっている。

「塾はうまくいってるの？」。私は先日の阿川さんの話が気になったので，尋ねてみた。

「来週，塾長が私の話を聞いてくれることになって」

「本当！ よかったね」

「まずは一歩前進ね。あの子のためにも頑張って説明する」

阿川さんは，先週のゼミから，なんだか一気に気合いが入ったモードになったみたい。私も応援していることを伝えたい。

「阿川さん，期待してるよ。頑張ってね」

「ありがとう」

私に向かって微笑みながら，そう言った。

未 来 予 測

　自動販売機で飲み物を買って，校舎前のピロティに向かった。日陰のテーブルがあるので，私と阿川さんで向かい合わせに座る。
　「じつは先日また，内藤さんに会ったの」
　阿川さんが言う。
　「え，あのサークル……カルトマンテだっけ。そこの大学院の人」
　急に予想外の名前が出てきたので，私は驚いてしまった。阿川さんによると，大学周辺のコンビニエンスストアで買い物をしているときに，出会ったのだという。
　「私もよくそのコンビニに行くよ」
　その言葉を言ったとき，そうか，内藤さんもそこによく来るのかもしれない。出会わないように気をつけよう……と，思ってしまった。
　「それで，言われた言葉に驚いちゃって」
　「どんな言葉だったの？」
　「『アルバイトはうまくいきましたか』って，言われたの」
　「もしかして，塾のアルバイトのこと？」
　「私はそう思ったの。だから驚いたんだけど，『うまくいきそうです』って，答えたの」
　阿川さんは驚いたときのように，少し目を見開いてそう言った。
　そうだった。4月のはじめの頃，占いサークルのカルトマンテのイベントで，阿川さんはアルバイトがそのうちうまくいく，と内藤さんから占ってもらったのだった。その後，本当にアルバイトでの状況はよい方向に進んでいる。
　そして，占ってもらったあとに阿川さんと話をした内容を思い出す。
　「もしかして，友達の話も出たのかな」。私が尋ねる。
　すると，阿川さんは頷いて「そうなの」と答える。
　「まるで，私が庭瀬さんたちと出会って，先生の授業を聞いて，アルバイトの問題を解決しようとしていくことを，見通していたみたい」
　話を聞くと，本当に事前に未来を見通していたみたいに思える。でも，本当

にそんなことができるのだろうか。それとも，偶然なのだろうか。

「未来のことが予言できるなんて，不思議だけれど，ちょっと気持ち悪い気もするな」

本当に先のことを予測できるのだろうか。

「そうだ。内藤さんが言っていたんだけど，来月，大学に舞亜矢が来てショーをするんですって」

「舞亜矢って，カルトマンテの指導をしている？」

「そうね。カルトマンテはちょっと……と思うけど，舞亜矢はテレビにもよく出ている人だから，一度見てみたい気もする」

私はあまりテレビを見ないので，舞亜矢という人のこともよく知らない。

「よかったら，一緒に見にいきましょうよ。西永さんや倉田君も一緒に」

あおいと倉田君は，そういうのを楽しみそうだな。阿川さんも一緒だったらいいか。

「そうね。面白そう」。私は答えた。

「庭瀬さん。そろそろ時間だよ」

私は時計を見る。

「本当だ。急がなきゃ」

あと3分でゼミが始まる時間になっていた。

基　準

ゼミの時間。
学生が論文の内容について発表をしたあとで，江熊先生が話しはじめる。
「さて，今日は『基準』ということについて話をしようかな」
先生はそう言って，ホワイトボードに書き込む。

基準関連妥当性（criterion-related validity）

「これは，心理尺度を考えるときの妥当性のひとつの考え方だ。『基準関連』
という言葉のとおり，何かの基準との関連を検討することによって，測定され
た内容の妥当性を検討する」
　基準に関連するかどうかを検討する……言葉のとおりに思える。
「さて，『基準』とは何だろうね」
やっぱり今回も，辞書を調べてみるべきだろうか……。
「基準というのは，ものごとを判断するときのよりどころになる目安のよう
なものを指す」
　みなが調べる前に，先生が自分で答えてしまった。
「1940年代に開発された，MMPIと呼ばれる心理検査があるんだ。これまで
に何かの授業で習っているんじゃないかな。日本語は……」
　先生の言うとおり，授業で習ったことがある。
「ミネソタ多面人格目録です」。私が答えた。
「そのとおり。ハサウェイとマッキンリーが開発した検査だね。彼らは，と
ても多くの質問項目を集めることから研究を始めた。1000以上の質問項目を
集めて，そこから半分くらいに選んでいったんだ。それでも500項目以上ある」
　500項目か……途方もない質問項目の数に思える。もし自分が答えなければ
いけなくなったら，ちょっとイヤかもしれない。

「彼らは大学の新入生や病院にお見舞いに来た人々に調査をした。これを健常群という。それから，何かの精神病理の診断が下った人々にも調査を行っていった。複数の病名が診断でつけられた人ではなくて，何かひとつだけ，たとえば『うつ病』とか『統合失調症』とかね。そういった患者さんたちに，調査をしていった」

「すごく大変そうな研究ですね」。私が言う。

「500項目以上あるからね。回答するだけでも大変そうだ。回答してくれって言われたら，どうしようかなあ」

先生もそんなことを言う。

「さて，このMMPIなんだけど，健常群と特定の診断が下された人々との間で回答に違いが見られた質問項目を集めて，臨床尺度と呼ばれる質問項目のまとまりが作られた。たとえば，健常群とうつ病の患者さんたちとの間で差が見られた質問項目を集めて抑うつを測定する尺度を作ろうとしたり，統合失調症の患者さんたちと健常群との間で回答に違いが見られた質問項目を集めて統合失調症を測定する尺度を作ろうとしたり」

病気ではない人々と，ある病気の人々との間で違いがある質問項目を集めて，その病気の傾向を測定する尺度を作る……たしかに，その方法は理解できる。

「たとえば，ある病気を反映した尺度を作ろうとするのであれば，実際にその病気をもつ人々と，そうではない人々との間で違いがあることを確認するのがいい。このときに，病気の診断を下すのは医師だ。だから，この医師の診断が『基準』になる」

「それで，基準関連妥当性というのですね」。菊原さんの声が聞こえた。

「そういうことだね。これは，心理学の尺度作りだけに当てはまることじゃないんだ」

「他にも，同じような作り方をしている検査があるのですか」。奥山先輩が先生に尋ねる。

「心理学以外でもね。たとえば，血液検査で体の中にガンがあるかどうかを調べる検査を作るとしよう。奥山君だったら，どうするかな」

先生が奥山先輩に，逆に質問をした。

「そうですね。やっぱり，ガンの患者さんたちと健康な人たちの血液を集め

て，比較すると思います」

　奥山先輩が答えて，先生が頷く。私は「あ，そうか」と誰にも聞こえないく
らい小さくつぶやいた。さっき先生が説明した，MMPI の臨床尺度の作り方と
同じだ。

　「考え方は MMPI と同じだ。検査を作ろうとするときには，その検査が目指
す結果に関連する外部基準を用意して，対応するかどうかを検討する。その検
討を通して検査が作成されることもあるし，すでに検査を作っているのであれ
ば，基準と照らし合わせてどれくらい対応するのかを検討すればいい」

　先生はそう言うと，ホワイトボードに書き込む。

テスト　←–対応関係–→　基準

　「もうひとつ例を挙げてみよう。先週も知能の話をしたけれど，おそらく心
理学のテストの中でもいちばん多くの人が知っているのが『知能検査』だろ
う」

　知能検査という名前は，誰でも一度は聞いたことがありそう。

　「20 世紀のはじめ頃，知能検査はフランスでアルフレッド・ビネによって開
発された。その目的は，小学校に入る前の子どもたちを検査して，小学校の授
業についていくことが難しい子どもたちを見つけることだった」

　知能検査というと，どれくらい頭がいいかを測る検査だと思う人も多いんじ
ゃないかな。最初の目的はそういうことだったんだ。

　「知能検査は問題の内容もさまざまで，図形を扱う問題や言葉の意味を問う
問題や数に関する問題など，寄せ集めのようなものだと批判されたりもした。
でも，多くの子どもたちにさまざまなテストを実施していくと，年齢ごとに解
くことができる難易度が違うことがはっきりしていった。そして，何歳くらい
の子どもがどれくらいの難しさの問題を解くことができるかによって，整理さ
れていったんだ」

　この話も，他の授業で習ったことがある。この「何歳くらいのテストをクリ
アできるか」というのを，精神年齢という。たぶん心理学科以外の学生たちは
「精神年齢」という言葉を聞くと，知能検査の話ではなくて「どれくらい考え

方が幼いか」とか「大人っぽいか」といったことを表す言葉だと思っていそうだけど，じつはそういう意味ではないということも授業で教えてもらった。

「ということは，知能検査は学校に入学したあとの成績を予測するはずだ。知能検査の妥当性を検討する場合，入学後の成績が『基準』になる」

と，先生は言った。たしかにそうだ。子どもたちが小学校に入学する前に，授業についていくことができるかどうかを判断するために開発された検査なのだから，入学したあとの成績と関連することは妥当性の証拠になる。

「MMPI にとっての医師の診断と，知能検査にとっての入学後の成績は，それぞれが『関連するべき外部の基準』ということになる。そして，実際にそれらの関連が見られるかどうかを検討することが……」

「基準関連妥当性，ということですね」と，奥山先輩が続けた。

先生は頷いて続ける。

「ただし，MMPI と医師の診断はそれほど時間的に前後しているわけじゃない。一方で知能検査は将来の学業成績を予測する。だいたい同時に生じる基準と将来の基準。時間が少し違っている」

私たちは頷く。

「テストと基準の情報がほぼ同時に収集される場合を併存的妥当性，基準の情報が将来収集される場合を予測的妥当性という。もっとも，時間のズレを考えると，うつ病と診断されるよりも前にうつ病になっているわけだ。併存的妥当性として情報が収集されても基準となる状態はテストよりも前に発生していることはあるね」

先生はホワイトボードに板書する。テストと基準が同時に集められるか，将来の基準を予測するかで，名前が違ってくるようだ。

併存的妥当性：テストと基準の情報がほぼ同時に収集され，関連を検討する
予測的妥当性：テストと将来の基準との間の関連を検討する

「さっきもガン検査の例を出したように，基準関連妥当性の考え方は心理学の測定だけじゃなく，とても多くの場面で使われるんだ」。先生は続ける。

「たとえば，インターネット上の書き込みでその人がどれくらい外向的な性

格をしているかどうかを判断するようなシステムを作ることを考えてみよう。ここまで話を聞いてくると、どうしたらいいかわかるよね」

阿川さんが手を挙げる。

「人々に外向性の尺度に回答してもらって、得点の高い外向的な人と、得点の低い内向的な人を集めます。そして、インターネット上の書き込みを比較するというのはどうでしょうか」

先生は頷く。

「うん。そうすることで、うまくいけば書き込みだけを見て、その人が外向的なのか内向的なのかを判定するシステムを作ることができるかもしれない。実際には、機械学習という方法を使って、書き込みから外向性を予測するルールやパターンをコンピュータに学習させる方法が取られると効率的だ」

「そういうことは、もうされているのでしょうか」。私が尋ねる。

「そうだね。たとえば自動的に迷惑メールを選別するというのはどうだろう。これは多くの人がすでに恩恵を受けているシステムだ。あるメールが迷惑メールで、別のメールは迷惑メールじゃない。その判断が『基準』で、メールの中に書かれた文字を判別するルールが『テスト』だと考えれば、基準関連妥当性と同じ考え方が基本にあるということがわかる」

うつ病の人と病気じゃない人の間を見分ける質問項目を探す。ガンの人とそうじゃない人との間を見分ける血液中の物質を探す。学校の勉強についていくことができる子とできない子の間を見分ける検査を探す。そして、迷惑メールかそうじゃないメールかを見分けるルールを探す……なるほど。この考え方は、私たちの身近にたくさんありそう。

▌ 曖昧な「基準」

先生の説明を聞いていて、私は少し疑問に思った。

「先生、基準が手に入らないときは、どうすればいいのでしょうか。病気の診断は医師が診断するからわかりやすいのですが、基準がはっきりしない場合もあるのではないでしょうか」

「そうだね，庭瀬さん。そのとおりだと思うよ。複数の病気にかかることも
あるし，医師が診断をミスすることもあるから，もちろんそこにはさまざまな
問題がある。でも，病気かどうかというのは，比較的はっきりとした基準だと
いえるね」

私は頷く。

「もっと曖昧な概念を測定するような場合には，基準を考えることが難しく
なっていく。たとえば，パーソナリティ特性の協調性だったらどうだろう。協
調性の心理検査を作るとして，質問項目を用意する。基準関連妥当性の考え方
を使って質問項目の妥当性を確かめたい。じゃあ，この場合の基準はなんだろ
うね」

協調性の『基準』か……どうすればいいんだろう。

「先生，他の心理尺度を基準としてはいけないのでしょうか」。菊原さんが発
言する。

「そうだね。他の尺度を基準とするときはある。でも，それには条件が必要
だろうな」

「条件……どんな条件でしょうか」

「そうだな。いくつかのパターンがありえる。まず，多くの質問項目が含ま
れる尺度がすでに作られていて，新しく作成する尺度はもっと項目数が少ない
というケース。もともと協調性を測定する 30 項目からなる尺度が作られてい
る。でも，もっと回答者の労力を軽減して調査をしやすくしたい。そこで 5 項
目だけを選んで短縮版の尺度を作ろうとする」

「短縮版の尺度作成をする研究，ということですね」。奥山先輩が言う。

「そう。使いやすい道具は，その道具を使う研究を大きく進める。尺度の短
縮版を作ることは，研究の発展のためにも重要な研究のひとつだ。このような
場合，もとの尺度が基準になって，新しい尺度の基準関連妥当性を検討してい
くことになる」

項目の数が少ない尺度を作ることには，そういう意義があるんだ。

「また，もとの尺度がずいぶん前に作られていて，質問項目の表現が古くな
ってしまっているような場合もある。新しいバージョンの尺度を作成して，古
いバージョンの尺度を基準として関連を検討することで，基準関連妥当性を検

討することはありえる」

「短縮版を作るときと，新しいバージョンの尺度を作る場合ですね。どちらも，もともとの尺度が基準となって，基準関連妥当性を検討する」と，奥山先輩が言う。

先生は頷いて，続けた。

「ただし，外部に基準があるなら，古い尺度や項目が多い尺度のバージョンと，新しい尺度や項目数が少ない尺度のバージョンとで，その外部の基準との関連を検討するのもいい方法だと思う。これは，以前の尺度と外部基準との間の関連と，新しい尺度と外部基準との間の関連が同じくらいになっていることで，妥当性を示すやり方だ」

なるほど……新しい尺度が以前と同じくらい基準と関連するのだから，「新しい尺度は妥当だ」と考えるわけか。ひと口に妥当性の検証といっても，いろいろなやり方があるようだ。

「他の方法なのですが，自己評価以外の情報との関連を検討するのはどうでしょう」。奥山先輩が発言した。

「というと，たとえばどういう情報だろう」

「そうですね，本人が自分自身を評価するのではなく，友人や親や教師がその人物を評価した情報です」

「他者評価の情報を，妥当性の基準に使うというアイデアだね。それも，研究の中ではよく使われる」。先生は続ける。「協調性のようなパーソナリティ特性であれば，もしかしたら周囲にいる他の人も，本人の協調的な特徴を感じているかもしれない。攻撃的ではなくやさしくて，自分よりも周囲の人を優先し，自分ばかり目立とうとはしない傾向を，協調性の行動上の特徴として挙げることができる」

たしかに，そういう特徴をもつ人だったら，その人の周囲にいる友人や親や教師も，協調性が高いという印象を抱きそう。

「だから，この心理特性であればこういう行動が現れるはずなので，周囲の人はこのような印象を抱くだろう，という前提をまず考える。その上で，他者評価から得られた情報を基準として使うこともいいかもしれない」

「やはり，前提となる条件が必要なのですね」と，奥山先輩。

「そうだ。たとえば，不安や心配といった，あまりおもてに表出されないような心理特性について周囲の友人に尋ねても，周囲の人たちははっきりした印象を抱いていない可能性はある。だって，本人は普段の友人の前ではそんなに不安につながる発言をしない可能性もあるだろうから。もちろん，これは相手との関係性にもよる。相手が親友なら自分の深い考えも理解しているかもしれないが，大学で普段周囲にいるような，そこまで深い付き合いをしていない友人だと，相手が不安を抱いているとか恐れていることとか，微妙なところまでは感じられない場合もあるだろう」

私の友達を思い浮かべてみた。やっぱり，そう簡単にはいかないのかな……なかなか難しい問題のようだ。

〈同じ概念を測定する尺度を用いて基準関連妥当性を検討〉

項目数が多い尺度（基準）←関連→ 項目数が少ない新しい尺度

以前の尺度（基準）←関連→ 新しい尺度

以前の尺度 ←関連→ 外部基準 & 新しい尺度 ←関連→ 外部基準

「そうそう。すでにある尺度が基準となって，新しい尺度の妥当性を検討する，というパターンの話だった。ひとつありえるのは，基準をたくさん用意するというやり方だろう」

「基準をたくさん，ですか」と，奥山先輩。

「ビッグ・ファイブ・パーソナリティの尺度を開発するときに，精神的な病理を測定するさまざまな尺度を用意しておいて関連を検討しながら基準関連妥当性を検討するとか。もちろん事前に仮説を立てておく必要がある。ビッグ・ファイブ・パーソナリティのうち神経症傾向が不安とか抑うつなど自分の内部の問題である内在化問題に関連しやすくて，協調性や誠実性の低さが攻撃や反社会的行為といった外在化問題に関連しやすいといったように。そして，実際にそのような関連が見られるかどうかを検討する。実際に病気かどうかを医師が診断するわけではないけれども，これまでの理論から基準を設定して，それを確かめようとするという点では，基準関連妥当性ともいえそうだ。こういう研究の進め方は，海外の研究でよく見かけるね」

「とはいえ，質問紙で測定しているとはいっても，病理的な傾向であったり，行動傾向であったり，心理学的な概念ではないところを基準にすると考えたほうがよさそうですね」と，奥山先輩が補足する。

「まあ，やっぱりそうなるね。とにかく，基準関連妥当性といったときの『基準』というのは多くの場合，行動や病理やパフォーマンスといった，はっきり示されるようなものだと考えるのがいいだろう」

そして先生は「そうだ」とつぶやいた。

「以前，庭瀬さんと阿川さんが研究室に来たことがあったね」

みなの視線が，私のほうに向かう。

「そのとき，『寒がり』を測定するとしたらどんな測定方法があるか，という話をした」

私は，阿川さんと顔を見合わせた。先生の部屋に行ったときに話題に上がった話だ。私と阿川さんは，「はい」と頷く。

「どんな内容があったか，覚えているかな」

「先生からもらったメモを，ファイルにはさんであります」と，私は言った。せっかく先生からもらったメモだから，大事にとってあったはず。カバンの中を探す。あった。

私は立ち上がり，ホワイトボードに寒がりの測定方法を書いた。

「寒がり」の測定方法

① 「あなたは寒がりですか」と質問して自分で評価する。

② 友人が寒がりかどうかを評価する。

③ 面接をして寒がりのエピソードを挙げてもらう。

④ SNSの書き込みを調べる。

⑤ 普段着ている服の枚数や種類を調べる。

⑥ 実験室の室温を下げて行動を観察する。

⑦ より温かいものを買うかどうかを調べる。

「そうそう。それだよ」。先生は私が書いたホワイトボードの箇条書きを見て，満足そうに言った。

「ここで，①が質問項目で寒がりを測定する方法。②はさっき奥山君が言ってくれた他者評価。他の測定方法でも，たしかに寒がりかどうかは把握できそうだね」

私は板書を見ていて，「あっ」と声をあげた。

「先生，ということは，①と他の②～⑦との関連を検討すれば，質問項目が妥当かどうかを判断することができるかもしれないということですね」

先生は頷き，続ける。

「②～⑦が基準となって，①の基準関連妥当性を検討すると考えることもできる」

「これらについて，すべてを検討しなければいけないのでしょうか」。私は尋ねた。これを全部やっていたら，とても大変そうに思えたから。

「いやいや，実際には妥当性についてすべてが検討されて，それで完了ということにはならないんだ。妥当性には，『こうすれば終わり』という終了の条件はない。実際には，研究をする中でのリソース，つまりどれだけ時間があるか，どれだけ研究費があるか，どれだけ調査や実験ができるかといった問題によって，それぞれの研究は制限を受ける。また，その尺度が研究の中で使われれば使われるほど，また研究者たちにとって納得のいく研究結果が出るほど，その心理尺度の道具としての妥当性は高まっていく。だから，妥当性を検討すればするほど，その尺度が妥当だという根拠が積み上がっていくと考えるのがいい。つまり証拠が重なるほど尺度として妥当である確率が増していく。そういうイメージでとらえるのがいいんじゃないかな」

終わりのない作業を繰り返すイメージか……。授業を聞いて，基準とは何か，ということが，いろいろな例でだいぶわかるようになった気がする。

合否の未来

「みんな，大学受験のときに予備校の模擬試験を受けたんじゃないかな」

先生の話題が急に変わった。私は受験をしたけれど，この中には附属高校から進学した学生も，推薦試験で入学した学生もいるだろう。ちょっとまわりを

見まわしてしまった。

「模擬試験を受けると，大学合格の予想が出てくる。この大学はA判定とか，D判定とか。あれって，どうやって出しているんだろうね」

ん？どういうことだろう。出るのがあたりまえだと思っていたけれど……。

「だって，いま模擬試験を受けている受験生たちが大学に合格するかどうかは，まだわかっていないんだ。なのに，どうして将来の合否が予測できるのだろう」

「言われてみれば……不思議ですね」。阿川さんが言う。阿川さんは塾でアルバイトをしているから，こういう話題に興味がありそう。

「本当にどうしているか，というのは正直いってよく知らない。でも毎年，予備校は，授業に通っていた人だけじゃなくて模擬試験を受験しただけの受験生にも，大学入試の結果を調査していくんじゃないだろうか。あれが重要だと思うんだ」

たしかに，私の家にも，大学受験が終わったあとに，予備校から電話がかかってきた。

「その情報を集めると，予備校が実施した模擬試験でどれくらいの成績をとった受験生が合格したのか，あるいは不合格だったのか，という情報が集まることになる」

学生たちが頷く。

「そこで使われるのが偏差値だ。偏差値はこれまで何度も授業で出てきていると思うからみんなわかっていると思うんだけど，平均を50，標準偏差を10に変換した値のことを指す。多くの受験生が，自分の偏差値に一喜一憂するんじゃないかな」

たしかに，私も受験生のときは自分の偏差値を気にしていた。

「まず，前の年の偏差値と大学合格の合否のデータを対応づける。すると，模擬試験でどれくらいの偏差値をとった受験生が，どの大学に合格したのか，どの大学に不合格になったのかがわかる。このデータは，いわば模擬試験の予測的妥当性を検討していることになる。もしも模擬試験で高い偏差値をとった受験生ほど，結果的に一般に難しいといわれている大学に合格するという関係が見られるのであれば，その模擬試験の予測的妥当性が確認される。高い偏差

値は，難関大学への合格を意味するからね。大学の合否は，模擬試験にとって，未来に結果がわかる外部基準となる」

　あ，なるほど，たしかにそうだ。模擬試験は，大学の合否そのものではない。大学の合否は模擬試験を受けてからずっと先に起きる。そして，大学の合否は模擬試験とは無関係に生じる。まさに，大学の合否は模擬試験にとっての外部基準か……。

　「さらに，ここからが面白いと僕は思っているんだけど，ある年に得られた偏差値と大学の合否の対応の情報を，次の年の模擬試験の結果に使うことになる。模擬試験の問題も大学入試の問題も，毎年違うのにね」

　「たしかにそうですね……」。阿川さんが言う。「でも，その年も模擬試験の偏差値と大学の合否との対応を検討できます。ですから，そこでも模擬試験の予測的妥当性が確認されることになります。そして，その情報が次の年の模擬試験に使われていく……」

　「そういうことになる。うまくやれば，予測の精度はどんどん上がっていくことになるだろう。うまくいけば，だけれど」

　私たちが何気なく受験してきた模擬試験も，今日習ったような基準関連妥当性と同じような考え方が使われているのか。

　「そもそも大学入試だって同じだろう。大学入試というのは，受験生が大学に入学するのに十分な学力や能力をもっているかどうかを判定することを意味する。だから，入試問題の妥当性を検討したいのであれば，入学試験の成績と入学後の成績……つまり GPA だね，との対応関係を検討すればいい」

　「実際に，大学の中でそれは行われているのでしょうか」。阿川さんが尋ねる。

　「いや，そううまくはいかないんだ。本当は，入試で成績が悪かった人よりも，よかった人のほうが入学後に成績がよくなるかどうかを検討したい。でも残念ながら，入学試験で成績が悪かった人はこの大学に入学してくることはないから……」

　「比較できないのですね」

　先生は頷く。

　「合格者だけで入学後の成績を予測すると，あまり関連がないという結果になることが多い。いない人を比較することはできないからね。でも推薦入試や

学力試験など，複数の入試制度で入ってきた学生の入学後のGPAを比較するということは，多くの大学で行われていると思う。公表されるとは限らないが」

　その言葉を聞いて，ドキッとした。きっと私だけじゃないだろうな。

　「大学入試だけじゃない。就職試験だって同じだ」

　「就職試験……面接も同じでしょうか」。菊原さんが尋ねる。

　「面接試験も筆記試験も，コンピュータ上で行う試験も，どれも『テスト』であり，就職試験は入試と同じように人を選抜することを意味する。だから，どれもテストだし目的は同じだよね」

　「人を選抜する，というところは，たしかにそうですね」。菊原さんが言う。

　「就職試験の目的は，能力の高い就職希望の学生を選抜することにあるのだから，本当なら入社後のパフォーマンスとか，10年後の活躍とか，将来の年収とか，社会的地位とか，そういうものとの連動を検討すると，妥当性の検証になる」

　これも，予測的妥当性にあたるのか……。

　「実際にそういうことはされているのでしょうか」と，菊原さん。

　「いやあ，わからないなあ」と先生は言う。「本当なら，追跡調査をして妥当性を検証するべきだろうね。そして，就職試験としてのテストの精度を高めていくことが，社会にとっても意味があることじゃないかな。でも，ある就職試験である会社に入社してくるのは，希望者の中のほんの一部だろうから，さっきの入試の問題と同じことが起きる可能性がある。そして，実際に検証が行われているかどうかは，正直いってよくわからない」

　「ぜひ認してみたいです」

　「もしも菊原さんが社会人になったら，確認してみるといいね」と，先生は言った。

▍研究と妥当性の間

　私は，ふと疑問に思った。

「先生，研究の中で将来の予測をすることがあるはずです。たとえば，ビッグ・ファイブ・パーソナリティで職業のパフォーマンスを予測するといった研究です。それと，予測的妥当性とはどう違うのでしょうか。同じことなのでしょうか」

先生は「ほぅ」という口元をした。

「庭瀬さん，いいところに気づいたね」

なんだかほめられているみたいで嬉しい。

「まったくそのとおりで，同じ変数を使って同じ調査をしていても，それが妥当性の検討になることもあれば，何かの結果を何かの変数で予測することを試みる，というひとつの現象を検証する研究になることもある」

「まったく同じことをしていても，ですか」。私が尋ねる。

「まったく同じことをしていても，だよ。たとえば庭瀬さんが例に出した，ビッグ・ファイブ・パーソナリティで職業パフォーマンスを予測するという研究について考えてみよう。就活をしている大学生 300 名に，在学中に調査を行う。ビッグ・ファイブ・パーソナリティの尺度や，いくつかの尺度や項目を用意して回答してもらう」

大学 4 年生に調査をすることをイメージした。調査にどれくらい協力してくれるだろうか。

「そして，その人たちが就職したあとに，追跡調査を行う。何年後でもいいけれど……たとえば 10 年後くらいに調査ができたらいいだろうな。それが難しいようなら，1 年後でも 2 年後でもかまわない。とにかく，就職してからどういった様子なのか，どれくらい仕事がうまくいっているのか，年収はどれくらいなのか，などいろいろな観点から調査を行う。あ，ここでもビッグ・ファイブ・パーソナリティの尺度を調査に含めておくのがいいと思う。そうすればパーソナリティが就職してから変化するのかどうかも検討できるな」

私には難しい研究に思えてきた。とても長い時間がかかる研究になりそう。どうしたらそんな研究ができるんだろう……でも，面白そうだ。

「こういう調査をすると，大学に在学中のパーソナリティが，就職して数年後の仕事におけるパフォーマンスをどれくらい予測できるかを検討することができる。ここまではいいかな」

みな，先生の言葉に頷く。

「さて，ここで問題なのは，この研究の『背景』なんだよね。文脈といったらいいかな。どういう経緯で，この研究が行われているかという問題。何度も同じようなことを言っているようにも思うけれど，やっぱりここでもこの問題が重要になる」

先生は，私たちの顔を見まわしてから，続ける。

「たとえば，海外ではビッグ・ファイブ・パーソナリティが職業パフォーマンスを予測するという研究が行われている。でも，日本ではまだ十分に検討されていない。こういう前提であれば，この研究は『パーソナリティが将来の職業パフォーマンスを予測するかどうかを日本で検討する』という目的で行われることになる。すると，これは妥当性の検討ではなくて，日本でパーソナリティ特性が将来を予測するかどうかを検討する研究となる」

先生の話を聞くと，たしかにそうだと思える。

「では次のことを考えてみよう。ビッグ・ファイブ・パーソナリティを測定するまったく新しいオリジナルの尺度を作成する。海外のこれまでの研究では，ビッグ・ファイブ・パーソナリティの中でも誠実性が職業上のパフォーマンスによく関連することがわかっている。そこで，いくつか妥当性を検討するなかのひとつの試みとして，この新しい尺度で数年後の職業パフォーマンスを予測することにした。そして，実際に誠実性が職業パフォーマンスに結びつくことが明らかにされた。だから……」

「その結果は，新しい尺度の予測的妥当性の証拠になる」。私は先生に続けた。

「そういうことだ。同じようなことをしているのに，その研究の文脈，目的，過去にどんな研究が行われているか，そういうことによって，妥当性の検討になることもあれば，将来を予測する研究になることもある」

だから，研究の文脈を考える必要があるんだ……。

「論文のはじめから，過去に行われた研究をまとめて，何が問題になっているかを論じて，今回はこんな目的で研究を行う，と長々と書いてあるよね。そこで，今回の研究の文脈が説明される。それに従って，結果が解釈されていく」

「心理学は統計的な数字を研究で示すことが多いのですが，大事なのは数字

だけ，というわけではないのですね」。私が言った。

「大事なのは，どうしてその研究をしているかという研究の背景だね。それによって，数字の意味が変わってくる」

そういう見方をすると，論文もまた違った読み方ができるような気がする。

▌ 未来は予測できるのか

授業が終わった。

再び阿川さんと校舎をあとにする。

「今日の江熊先生の話を聞いても，占いで将来が予言できるかどうかはわからないね」

阿川さんが言う。でも，少し明るい声に聞こえる。そして続ける。

「それにしても，研究の中で，将来を予測しようといろいろなことが行われているんだね」

「本当。こんなにいろいろなことを考えなければいけないなんて，知らなかった」

「今日，授業を聞いていて思ったんだけど」

「うん」。私は阿川さんの言葉に頷く。

「研究をするなかでこんなにいろいろなことを考えなきゃいけないんだから，私の未来を占いで当てることなんて，そんなに簡単にできるわけがないな，って」

阿川さんの言葉を聞いて，私もそうだと思った。

「私もそう思う」

阿川さんは頷く。

研究をしている人たちはなんとか未来を予想しようといろいろなことを考えていて，それでも予測がうまくいくとは限らない。なのに，どうして占いは未来が当たるように思えてしまうんだろう。

「占いが当たるように思えるのって，不思議だよね」。私は言った。

「本当。研究の話を聞けば聞くほど，不思議に思えてくるね」

阿川さんも私の意見に同意する。

　阿川さんと一緒に大学の中を歩きながら，カルトマンテが主催する占いのショーに，江熊先生を呼んだらどうなるかを話題にした。

　「来てくれるかな」と，阿川さんが言うので，

　「どうだろう。私たちがお願いしたら，来てくれるんじゃないかな」と，私は答えた。

　そう答えたものの，あまり自信はなかった。

　でも，本当に先生が参加したら，どんな反応をするんだろう。そんなことを考えていた。

第8週 まとまり

構成概念妥当性

　昨晩，そろそろ梅雨入りだという天気予報を聞いた。だから傘を忘れないように気をつけなきゃ，と思っていたのに，すっかり忘れていた。

　お昼の時間にカフェテリアにいると，天気予報どおり，雨が降り出した。

　「意外だね。ミライにもそういうところがあるんだ」。あおいが言う。

　「でも庭瀬さんって，けっこう，ぼーっとしている瞬間があるんだよね」。倉田君が追い打ちをかける。

　「そ，そうかなあ……」

　とは言ったものの昔から，母親には「ぼーっとしているところがあるから気をつけなさい」と言われていたんだった……倉田君に見抜かれている。

　「ちょっと他のことを考えていて，つい」

　朝から考えごとをしていて忘れてしまったのは，本当だから。

　「何を考えていたの」。倉田君が聞いてきた。

　「昨晩，母親から電話がかかってきてね……」

　電話の内容は，弟の翔太の大学受験についてだった。3歳年下の翔太は，今年度が高校3年生。大学受験を考えているのだけれど，実家を離れてこの県内の大学を目指そうかという話をしているのだという。

　「しかも，こっちの大学に入学したら，私と一緒に住むのがいいんじゃないかって母親が言っていて……」

　「いいじゃん。弟と一緒に住むなんて，楽しそう」。あおいが言う。

　「弟と一緒だと，プライバシーがなくなるからイヤなのかな」と，倉田君。

　「もし一緒に住むなら，もう少し広い部屋に引っ越すことになりそうだから，

その点は大丈夫だと思う。でもね。私も大学3年生だし、秋になったら就職も考えないといけないし……」

「ミライはそのまま大学院に進学すると思っていたよ」。あおいが、それが当然という口調で言う。

「え？」。私は驚く。

「うん。そう思ってたよ」。倉田君まで同調する。

「ええ？」。もっと驚いた。

「ミライは研究が好きそうじゃない。就職するっていうイメージがなくってさ」

じつは進学のことも進路の候補としては考えていたのだけれど、正直いって、どう考えたらいいのかがよくわからない状態だった。

「進学も候補として考えてはいたけれど。でも、どうしたらいいのかよくわからない」

「そういうときは、江熊先生に聞くのが一番だよ」。あおいはウインクしながらそう言った。

「もう少し考えて、そのうち相談してみる」。私は2人にそう言った。

何 で も

あおいがふと私の後ろのほうに視線を送る。

「あ，阿川さんだ。おーい，一緒に座らない？」

阿川さんもあおいに手を振り，私たちのテーブルに着いた。

「阿川さん，あれから内藤さんには会っていないの？」。私は尋ねた。

「しばらくは会っていないわ」

私はあおいと倉田君に，阿川さんが大学の近くのコンビニエンスストアで，カルトマンテの内藤さんに会った話をした。そしてそのときに，アルバイトがうまくいったかを尋ねられたという話も。

「結局，塾のアルバイトはうまくいきそうなんだよね」

「そうなの。順調に話が進んでくれそう。教えている子どもたちにとっても，いいことだと思う」。阿川さんが答える。

「あ，オレさ，同じことができるよ」。倉田君が言う。

3人の視線が倉田君に向かう。

「どういうこと？」。あおいが尋ねる。

「その占いだか，未来予知だかわからないけれど，似たようなことができる」

倉田君，そんなことができるの？

「やってみせてよ」。あおいが倉田君を急かす。

「じゃあ庭瀬さん」

え？ 私？ 突然で驚きつつ，私は倉田君のほうを見る。

「庭瀬さんは，しっかりとしていてまじめな面がある一方で，内心は不安に思っていたり，失敗を悩んだりしているんじゃないかな。また，外向的で人づき合いが好きな反面，ひとりですごしたいという気持ちもあるかもね」

いきなり倉田君に私の性格について言われたからびっくりしたけれど，言われてみればそのとおりだと思った。

驚いた顔をしていると，倉田君が「どう，当たった？」と聞いてきた。私は頷く。

「ほらね，当たったでしょ」

「いつも一緒にいるんだから当たるのがあたりまえじゃん」と，あおいは言う。

「よし，じゃあ，次はあおいのことを当てるよ」

倉田君はあおいの目を見る。

「あおいには，好きなことをどんどんやってみたいという思い切りのよさがあるんだけど，その思いの中には少し現実的じゃないことも混ざっているんじゃないかな。それから，けっこう，まわりの人からほめられたいと思っているよね」

あおいは，黙って倉田君の顔を見ている。

「どう？」。倉田君があおいに聞くと，あおいは黙って頷いた。

「じゃあ，阿川さんも」

阿川さんはまじめな顔で倉田君を見る。

「阿川さんは，これと決めたら突き通す面があるように見える。でも，自分を批判しすぎるところもあるように思う。きっと，誰にも言っていない秘密の悩みもあるんじゃないかと思うんだけど」

阿川さんの目が少し見開かれた。どうやら，図星だったみたい。

「すごいね，倉田君。どうしてそんなことができるの」。私が尋ねる。

「じつは……昨日，本を読んだんだよ」

倉田君が言う。

「その本の中に，バーナム効果っていう話が出てきてさ」

「その，なんとか効果って，何？」。あおいが尋ねる。

「バーナム効果ね。昔のアメリカに，P. T. バーナムっていう名前の興行師がいたんだ。その人の名前がついた，心理学の用語があってさ」

バーナム……授業で聞いたことがあるかもしれないけれど，だとしたら忘れている。

「それらしい性格用語を次々と言っていくと，相手が『自分に当てはまる』って思ってしまうことらしいんだ」

「え，じゃあ，みんなに言った言葉は，当てずっぽうだったの？」。阿川さんが言う。

「いやいや，当てずっぽうというわけじゃないよ。みんなの人となりはだい

たいわかってるからさ」

「それはそうだよね。でも，なんだか心の奥を見透かされた感じ」。あおいが言う。

「だから，ちょっと工夫したんだよ」

「どんな工夫？」

「まず，だいたい誰にでも少しは当てはまるようなことを言う。『まじめ』とか『不安に思う』とか『ほめられたい』とか『悩み』とか。誰だって，少しはそういうところがあるだろ」

言われてみれば，誰でもそういう面があるように思う。

「他にもあるの？」

「えっとね，反対のことも言うんだよね。まあ，完全に反対というわけじゃないんだけど，だいたい反対のようなこと」

「反対のことも言うって，どういうこと」

「たとえば，『しっかりしてまじめだ』と言ったら，それに続けて『でも失敗することがある』とか。他には，『人と一緒にいたい』といったあとで『でもひとりでいたいこともある』とかさ。反対のことを言うんだから，どっちかに当てはまるよね」

「だから，こんなに言い当てられた感じがするんだ」。私は感心しながら言った。

「どうも，どこかが当たれば『当たった』と感じるらしいんだよね。だから，できるだけ早い口調で多くのことを言うのがコツなんだってさ」

倉田君は，ときどきこういうことをして私たちを驚かせる。

「ねえ。阿川さんが内藤さんから言われたことも，こういうことに似てるんじゃないかな，と思って」

「もしかしたら，倉田君が言うとおりかもしれない」。阿川さんが言う。「最初に言われたのは『何か悩んでいることはありませんか』だったから……」

「誰でも，何かしら悩みはもっているよね」。私が言う。

「そうか。そういうことか」。あおいが続ける。「誰でも悩んでいることはあるから，そう言って相手が頷けば，『やっぱり』となるよね」

誰でも当てはまる言葉って，すごい……そんな話をしているうちに，あっと

いう間にお昼の時間が過ぎていった。

　でも，私の傘の問題は解決していない。ゼミ授業のあと，どうやって帰ろうかな……。

収束と弁別

　ゼミの授業。今日も 1 本の論文を読んで話し合い，そこから先生が説明を加えていく。

　「今日の論文のポイントは，収束的妥当性と弁別的妥当性という話になる。この意味は論文に書いてあったと思うけれど……」

　「収束的妥当性は，関連があると予想される概念同士，実際に尺度で測定して互いに関連があること。弁別的妥当性は，関連がないと予想される概念同士に，実際に関連がないこと，です」。さっき読んだ論文を思い出しながら，私が答える。

　先生はそれを聞いて，ホワイトボードに書き込んでいく。

収束的妥当性：理論的に関連が強い概念間　→　指標間に高い関連
弁別的妥当性：理論的に関連が弱い概念間　→　指標間に弱い関連

　「たまに，マイナスの関連のことを弁別的妥当性と書いてある文献もあるので注意が必要だね」

　「マイナスの関連は，弁別的妥当性ではないのでしょうか」。私は先生に尋ねる。

　「片方の変数の得点の計算方法を逆転させれば相関係数はプラスになるよね。外向性の方向を高い得点で計算しても，内向性の方向を高い得点で計算しても，ひとつの数直線の意味は変わらない」

　あ，そうか。たしかに。私は頷く。

　「そういう意味で，相関係数がプラスでもマイナスでも高い関連があることには変わりはないのだから，それは収束的妥当性になる。弁別的妥当性は，相

関係数がゼロに近いことを指す」

「関連が弱いことも，示さなければいけないのですか？」。今日もゼミの授業に参加している奥山先輩が言う。

「まず，そこからだね」

先生は頷きながら，そう言った。

先生は宇宙人？

「ちょっと，背景理論当てゲームというのをやってみようか」

先生が突然言い出した。

「ゲーム，ですか」。奥山先輩が尋ねる。

「そう。ルールは簡単だよ。これから僕がある理論に基づいた数字の並びを示すから，その数字の並びがどういった理論で成り立っているかを予想して当てるんだ」

先生が言った数字の背景にある理論を当てるゲームらしい。

「じゃあ最初の数字の並び。2−4−6」

先生はそう言いながら，ホワイトボードにも数字を書く。

2−4−6

「この3つの数字は，ある理論に沿って出されたもので，理論に合っている。みんなも，背景にある理論を考えてみよう。そして，3つの数字を挙げて確かめるんだ。いくつか確かめたあとで，その理論が何かわかったらそれを言う。自分で仮説を考えて，数字を挙げて，そこから仮説を検証するゲームだと考えるといい」

先生は教室を見まわす。

「では，誰かチャレンジしてみないかな」

阿川さんが手を挙げ，先生が指名する。

「8−10−12です」。阿川さんが言う。

その数字を，江熊先生がホワイトボードに書く。

---

8 – 10 – 12

「うん。この数字は，僕の理論に合っている。他にも確かめてみるかな」
「では，100 – 102 – 104 です」

---

100 – 102 – 104

「よし。この数字も理論に合っているね。どうかな，阿川さん。自分の仮説を確かめることはできたかな」
阿川さんが頷く。
「背景にはどんな理論があると考えたのかな」
「偶数の増える数です」
「それが，阿川さんが考えた理論だということだね。阿川さんが挙げた3つの数字はどれも，偶数の増える数という，阿川さんの仮説の理論には合っている」
阿川さんは頷く。
「だけど，僕が思っている理論は，阿川さんの理論と同じではないんだ。3つ組み数字の並びの理論は，偶数の増える数じゃないんだよね」
偶数の増える数じゃないのか……。じゃあ，何だろう。
「他の人に聞いてみようか。仮説になる3つの数字を挙げてみたい人はいるかな」
菊原さんが手を挙げる。「よし，菊原さん」。先生が指名する。
「はい。3 – 5 – 7 という数字はどうでしょうか」
先生はホワイトボードに数字を書いていく。

---

3 – 5 – 7

「うん。この数字も，僕の理論には合っている。他にも挙げてみるかい」

「では，11 − 13 − 15 です」

---

11 − 13 − 15

「この数字の並びも，僕の理論に合っている。どうかな，菊原さん。どんな理論だと考えるだろう」

「そうですね。これじゃないでしょうか。2 ずつ増える数字です」。菊原さんは答える。

「2 ずつ増える数字だね。たしかに阿川さんが挙げた数字の並びや菊原さんが挙げた数字の並びは，その仮説に沿っている。だけど残念ながら，僕の理論はそうじゃないんだ」

「え，違うのですか」と，菊原さんが反応する。私もそう思っていたので，驚いた。

「違うんだよね。僕が心の中で想定していた理論は，もっと簡単なものなんだ」

先生はそう言うと，ホワイトボードに理論を書き込んだ。

増加する数

その文字を見て「そういうことか」と理解する学生も，すぐに理解することができない学生もいる。その様子を見て，先生が続ける。

「3 つの数字がだんだん増えていけば，その数字は『理論に合っている』ということになるんだ。だから，8 − 10 − 12 でも，11 − 13 − 15 でも，また 101 − 102 − 103 でも，理論に合っているということになる」

「じゃあ，1000 − 1001 − 1002 でもいいということですね」。菊原さんが言う。

「そういうことだね。5 − 792 − 1020 でもいい」

「最初に，2 − 4 − 6 という数字を見たので，2 ずつ増えると思い込んでいました」

「そこだよ」

先生の言葉に，耳を傾ける。

「どうして，『偶数の増える数』だと思ったときに，偶数の増える数を確かめようと思ったのかな」

「それは……それで確かめられると思ったので……」と，阿川さん。

「そうか。でもね，仮説が『偶数の増える数』ならば，それを確かめ続けていると，いつまで経ってもその理論が正しいかどうかはわからないよ」

「そうなのですか？」。阿川さんは驚いた表情をする。

「本当は『増加する数』が理論なのに，ずっと偶数で増える数とか，2ずつ増える数を確かめていたら，延々と『それは理論に当てはまっている』ということになってしまう。そうすると，いつまで経っても，本当の理論である『増加する数』にはたどり着かない」

「たしかに……」。阿川さんの声が小さくなった。

私も，先生に言われてはじめて気づいた。自分の仮説に沿った数字を出していては，いつまで経っても，正解にたどり着かない。

「じゃあ，どうすればよいのでしょうか」。菊原さんが尋ねる。

「理論を反証する例を確かめることだよ」。先生がすぐに答える。

「理論を反証，ですか」

「そう。たとえば，『偶数で増える数』という仮説を確かめたいのであれば，奇数で増える数を例に出して，『それは理論に合っていない』ということを確かめるのが有効だ。そうすれば『偶数で増える数』である確率が増す。『2ずつ増える数』ではないかと思うのなら，1ずつ増える数を例に出して『それは理論に合っていない』ということを確かめるといい。そうすれば，『2ずつ増える数』である可能性が増す。そして『増加する数』という仮説を確かめるには，減っていく数や同じ数字の並びを示すことが有効になる。もしも『それは理論に合っていない』と言われれば，その仮説の確からしさが増えていく」

「自分の仮説とは反する例を確かめていくことが重要だということですね」。菊原さんは納得した口調でそう言った。私もとても納得する。

「僕たち人間は，どのようなことでも『こうじゃないか』と仮説を立てると，その仮説に沿った，仮説に合うことばかりを探そうとしてしまって，その仮説を否定する反証を探そうとしなくなってしまう。これを確証バイアスという」

> 確証バイアス：仮説や信念を支持する情報に注目し，反証する情報を無視したり軽
> 視したりする認知的な傾向

「自分で思っていることを確証することは，安心感にもつながる。自分で『偶数の増える数なんじゃないか』と思って，それを確かめようと 4－6－8 とか 10－12－14 といった例を出して，『それは合っている』と言われる。すると，『よかった』と安心する。自分から 1－2－3 なんていう仮説に反する例を出して，『それは違う』とは言われたくない。なんとなく，否定されたくない気持ちもあるからね」

江熊先生の説明を聞いて，とてもよくわかる，と思った。さっき私も，心の中で例を挙げて，正解したい，否定されたくないと思っていた。

「だけど，反証を導かないと，正解にはなかなかたどり着かないことがある。たとえば，学生のみんなが，僕のことを宇宙人だと信じているとしよう」

「先生が宇宙人ですか？」。奥山先輩が言う。

「まあ，仮定の話だ。そう信じたとしよう。すると，中庭でいい天気だな，と空を見上げているのを見て，『先生は空をずっと見ていた。宇宙から来たからに違いない』と言い出す学生が出てくる。たまたま足をくじいて歩き方がおかしかったりすると，『先生はおかしな歩き方をしていた。宇宙人だからに違いない』って言い出すかもしれない。論文のことで頭がいっぱいで，ぶつぶつ言いながら廊下を歩いていると，『先生はなんだかよくわからないことをつぶやきながら歩いていた。宇宙人だからに違いない』と，どんなことからでも宇宙人に結びつけられてしまう」

教室から笑い声が聞こえる。たしかに面白いけれど，それが自分の身に起きたら，と想像すると，そんなに笑えないかもしれないな，とも思う。

「じつはそんなに笑いごとじゃないんだ。たまたま住んでいる地域や年齢が近いからといって，インターネット上で事実無根のことをあれこれと書かれてしまい，どんどんその内容が拡散されていく。挙げ句の果てには脅迫を受ける事件にまで発展していく，ということが実際に起きることもある」

教室が静かになった。

「多くの人はネットで検索をするときに，自分が考えていることに合った情

報を探そうとする。反証になりそうな情報はそもそもアクセスしないか，しても読み飛ばして情報を軽視する。そうすることによって，突飛な理論も仮説も，あたかも本当のことのように思えていく。これは実際に，よく起こることだよ」

　私も含め，教室にいる学生たちもみな，心当たりがあるだろうな。

何でも関連する？

　「収束的妥当性だけを検討するというのは，本当は『増加する数』が正しいのに，『偶数の増える数』を確かめようとして，偶数の増える数ばかりを確かめることと同じじゃないだろうか」

　先生はそう言って，教室を見まわした。

　「たとえば，自己効力感の尺度を新しく作るとしよう。収束的妥当性を検討するという目的で，自尊感情，楽観性，抑うつ，不安の尺度を用意する」

```
自己効力感
　→　正の相関：自尊感情，楽観性
　→　負の相関：抑うつ，不安
```

　「自己効力感は課題に対して自分が達成できるだろうと感じる傾向のことなので，自分に対するポジティブな感覚である自尊感情や，将来に対してポジティブな予想をする楽観性とはプラスの関連，落ち込んだ感覚である抑うつや，漠然とした心配や恐怖を感じる不安とはマイナスの関連が生じると予想される」

　「関連があるという予想ですから，収束的妥当性ですね」。奥山先輩が言う。

　「そうだね，収束的妥当性だ。それで，もしもここで作成しようとしている尺度が自己効力感じゃなくて，本当は自己満足感だったら，何が起きるだろう」

┌───┐
│　自己効力感　◀────▶　　自己満足感　　　　　│
└───┘

　「たぶんですけれど，新しく作った尺度が自己効力感ではなくて自己満足感でも，自尊感情や楽観性とはプラスの関連，抑うつや不安とはマイナスの関連を示すと思います」と，奥山先輩が言った。

　「それじゃあ困ってしまう。本当は自己効力感の尺度を作りたくて，そのために自尊感情とか楽観性とかとの関連を検討しようと思っているのに，この検討方法だと，作ろうとしている尺度が自己効力感じゃなくても，自己満足感でも充実感でもよさそうだし，自分自身を肯定的に捉える傾向が測定できていれば，だいたい何でも確かめることができてしまう」

　「何をもって自己効力感というか，ということを考えることが必要ですね」。奥山先輩が言うと，先生は頷く。

　「そこで，弁別的妥当性を考えることが重要になる。たとえば，自己満足感には関連するけれど，自己効力感にはあまり関連しない心理特性との関連を検討するとか，その逆に，自己満足感には関連しないけれども自己効力感に関連するような心理特性を考えて，『理論的にはこうなるはず』という仮説を立てる。そして，実際にそのとおりの関連が生じるかどうかを検討する」

　「なるほど……でも，うまく見つかるでしょうか。自分が研究することを想像すると，なかなか難しいです」。奥山先輩が言う。実際に大学院で研究をしている立場だから，余計にその難しさが身に染みているのかもしれない。

　「もちろん，これは簡単なことではない。でもたとえば，自己満足感は現在の自分自身に満足することで，自己効力感はこれから取り組む課題について，自分自身がうまく行動を選択して課題を達成できるだろうと考えることだ。この2つの概念は，注意を向ける時間軸が違うとも考えられるんじゃないかな。そうするとたとえば，時間的展望という概念に注目した場合，それぞれ関連の仕方が変わってくるかもしれない」

　「時間的展望……過去や未来を自分がどのように見ているかということを表す概念ですね。なるほど，もしも自己満足感と自己効力感について概念的に考えて，時間に対する焦点の当て方が違うということがあるなら，時間的展望で過去，現在，未来にどのくらい意識が向いているかとの関連を検討することで，

違いを見出すことができるかもしれません」。奥山先輩が言う。

「もちろん，それは『もしかしたらうまくいくかもしれない』，ということだけどね。実際にやってみないとわからない」

それはそうだろうな，と思った。

「そして，こういったことをしっかりと検討するには，まず検討しようとしている概念がどのような内容なのか，どこからどこまでを含むのか，そして他の概念とどのように関連するのか，さらに，多くの概念がそれぞれどのように測定されているのか，すでに心理尺度があるのかどうか，それらの尺度がどれくらい信頼性や妥当性について検討されているのか……」

なんだか，はてしない作業に思えてきた……。

「とにかく，たくさんの研究について知っている必要があるね」

それは，そのとおりだと痛感した。論文をたくさん読まないといけないらしい。

┃ ごちゃまぜ問題

「ジングル・ジャングルの誤謬という言葉があってね」

Jingle fallacy：ひとつの言葉で複数の概念を表現
Jangle fallacy：複数の言葉でひとつの概念を表現

「本当は複数の言葉で表現するべき異なるものなのに，同じ名前がつけられてしまっているために同じものだと思ってしまうことを，ジングルの誤謬という」

ジングルベルのジングル。鈴の音が聞こえてくる。

たとえば人生の『成功』という言葉はどうだろう。人生において，成功にはいろいろなパターンがある。仕事がうまくいくこと，多くのお金を稼ぐこと，幸せな家庭を築くこと，長生きすること，子どもが立派に育つこと，などなど，いろいろなことがあるよね。ひと言で『成功』とまとめてしまうには，あまり

にも多くのことがその中に含まれてしまう」

「『人生で成功する』，という言葉を何気なく使っているように思います」。私が言った。

「そうかもしれない。人によってその『成功』の中身があまりに違うものだから，時々話がかみ合わなくなるんじゃないかな。ある人は仕事のことを言っているのに，別の人は健康のことを言っているとか」

たしかに，話がかみ合わなくなることがありそう……。

「他には『役に立つ』という言葉も同じかもしれない。誰にとって，何が役に立つか，内容がずいぶん違ってくる」

「その研究が役に立つのか，という言葉もよく耳にしますね」。奥山先輩が言葉をはさむ。大学院生だから，もしかしたらよく言われるのかもしれない。

「どんな研究も，その研究分野の研究者にとっては，役に立つといえる。でも，違う研究分野からすれば，どうしてその研究が役に立つのかはよくわからない。研究者以外の人にとっても同じだね。自分たちに関係があることなら役に立つと思うだろうけれど，実感がなければよくわからなくなる。僕たちだって，他の研究分野の論文を読んで，どうしてこういう研究をするんだろうと不思議に思うことがあるかもしれない。でもそれは，相手の分野のことを理解していないだけ，ということがあるから，要注意だね」

「注意します」

「それから，ジャングルの誤謬というのは，同じことなのに，複数の名前がついてしまっているような場合のことを指す。熱帯雨林のジャングル（jungle）じゃなくて，じゃんじゃん音が鳴るという意味のジャングルだ」

そうなんだ……スペルが違うのに勘違いしていた……。先生は続ける。

「そうだな。自分自身に対してポジティブな感覚をもつことを，心理学では自尊感情と言うのだけれど，一般的には自己肯定感ということもある。まあ，細かく見れば内容が違うという人もいるかもしれないけれど，とてもよく似ていることを指しているとはいえるだろう」

「自尊感情と自尊心という呼び方もあります」。奥山先輩が言う。

「うん。英語だとどちらも self-esteem なんだけれど，日本語に訳すときに，自尊心という言葉を好む研究者と，自尊感情という言葉を好む研究者がいるの

はたしかだね。明確にはわからないんだけど，自尊感情という言葉を使う研究者は，自分に対する感覚を重視したり，その感覚の程度を重視したりする傾向があるんじゃないかなと思う。一方で，自尊心という言葉を好んで使う研究者の場合には，たんに感情だけではなくもっと多くの要素を含むものとして self-esteem を捉える傾向があるように思う。これも，実際には同じものを指しているのに，違う言葉を使っているひとつの例だといえるのかもしれない」

　研究者の中でも，統一がとれていない用語というものがあるようだ。本当に，なかなかややこしい……。

　「とにかく，このジングルとジャングルの誤謬について検討するときにも，収束的妥当性と弁別的妥当性について考えておくことが重要だと言える。何が一緒で何が違うのかをはっきりさせることにつながるからね。実際の研究の中でもこのあたりのことが問題になって，混乱を生み出すこともあるから要注意だ」

多特性多方法

　「収束的妥当性と弁別的妥当性について話をするなら，多特性多方法行列について触れておくべきだろうな」

　先生はそう言うと，ホワイトボードに相関係数の行列を書いていった。

多特性多方法行列

		方法 A			方法 B		
		1	2	3	1	2	3
方法 A	特性 1						
	特性 2	.20					
	特性 3	.18	.11				
方法 B	特性 1	.66	.19	.07			
	特性 2	.02	.70	.19	.10		
	特性 3	.21	.09	.80	.15	.06	

「ある概念について，2つの測定方法があるとしよう。2つの尺度でもいいし，質問紙の方式とコンピュータ方式でもいいし，質問紙とロールシャッハ検査のような投影法でもいい。その2つの方法で，同じ概念を測定する。するともちろん，同じ特性の部分の相関係数は高くなる」

三角形の下のほう，特性1，2，3同士の相関係数が，周囲に比べると高い値になっている。

「この部分が，収束的妥当性になる。それから，その他の部分は違う特性同士の関連なのだから，弁別的妥当性を意味する。あとは，同じ変数同士の組み合わせの対角線のところに信頼性係数を入れることもある。もっとも，この多特性多方法行列の数値は理想的な形で，これよりも収束的妥当性の相関係数が小さくなったり，弁別的妥当性の相関係数の数値が大きくなったりすることは十分に考えられるけれど。とはいえ重要なのは，データを集める前に，どれくらいの関連が生じるかをしっかりと予想することだね」

「仮説が大切ということですね」と，奥山先輩。

「そのとおり。そして，概念同士のネットワークを考えることが大切だね」

「ネットワーク。つながりですね」

奥山先輩の言葉を聞いて，先生は頷く。

「たとえば自尊感情は，楽観性との間にどれくらいの関連があるのだろうか。抑うつ傾向との間はどうなのか，不安との間の関係はどうか。時間的展望はどうだろうね。さらに，自尊感情と学校の成績や，職業上のパフォーマンスとの間には，とどれくらいの関連があるんだろう。知能指数はどうかな。こういったさまざまな概念同士のつながりをイメージして，それぞれのつながりがどれくらいの関連になっているのかを考えていくことが重要だ」

先生はそう言うと，ホワイトボードにネットワークの図のようなものを描いていく。

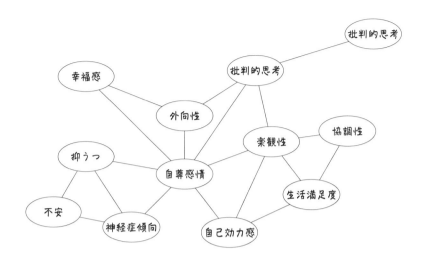

「それが，概念同士のネットワークということなのですね」

「ノモロジカル・ネットワークとか法則定立的ネットワークと呼ばれることもある。概念同士が線で結ばれたネットワークをイメージするといいだろうね」

構成概念妥当性

「さて以前は，この収束的妥当性と弁別的妥当性を検討することが，構成概念妥当性を検証することだとされていた。構成概念妥当性というのは，まさに概念同士の関係が測定された変数同士の関係にどれくらい反映しているか，という問題を検討することを意味する」

> 構成概念妥当性（construct validity）：構成概念と測定内容が一致する程度

「そもそも心理学自体，何かの構成概念を設定して，それを何らかの方法で測定することを行うんだったよね」

　私たちは頷く。それはこの授業の中で，これまでずっと先生に言われてきた

ことだ。

「だから，『構成概念妥当性こそが妥当性』だと考える研究者もいるんだ」

「先生，そう考えると，これまで説明してきた妥当性はどうなるのでしょうか」。奥山先輩が言う。

「構成概念妥当性が妥当性そのものであって，いろいろな妥当性は，構成概念妥当性を確かめるための『証拠』になるという考え方をする。内容的妥当性というひとつの独立した妥当性というよりは，構成概念妥当性の内容的な側面とか，内容的な証拠という考え方だ」

先生はそう言うと，板書を始める。

構成概念妥当性＝妥当性そのもの

・内容的側面：測定に概念が表す内容が過不足なく含まれているか。内容的妥当性など。

・実質的側面：回答者の反応プロセスが説明できるか。反応時間や認知過程など。

・構造的側面：測定された構造が理論に合致するか。因子分析など。

・一般化可能性の側面：測定内容がどこまで一般化できるか。他の国，年齢，時期などへの適用。信頼性の概念も含まれる。

・外的側面：他の変数との関連。収束的妥当性，弁別的妥当性，基準関連妥当性（併存的妥当性，予測的妥当性）も含む。

・結果的側面：測定を行うことでどのような社会的問題が生じるか。

マーカーを置いて，先生は言う。

「これは，メシックという研究者によって整理された妥当性の内容をまとめたものだ。これまでゼミで説明してきた内容的妥当性や基準関連妥当性，収束的妥当性や弁別的妥当性は，広く構成概念妥当性を検討するさまざまな側面の一部ということになる」

「とてもたくさんの内容が入っていますね」。私が言う。

「信頼性の内容まで含められているからね。通常は，信頼性を確認して，ちゃんと測定できていることを確認したあとで，測定内容を確かめるために妥当性を検討するものだと言われる。でも一方で，これまで説明してきたように，

信頼性も概念上の前提があってこそ，検討できることだと言える。仮説を立ててそれを確認するのだから，妥当性の検討と明確に区別ができるわけでもない」

　たしかに。仮説の立て方によって数字の意味が変わってくることを，これまでに学んできた。

　「それから，心理尺度も心理検査も，そのうち社会の中で役立てようと応用されていく可能性がある。そして実際に社会の中で用いられて，その得点で人を選抜するようになっていけば，必ずといっていいほど受験対策が行われ，対策本が出版され，対策講座が人を集めることになっていく。すると，本来はその心理特性や能力を測定するべき検査が，試験対策された表面的なテクニックを身につけたかどうかを測定することになってしまう」

　耳が痛い話に思える。受験のときも，勉強そのものではなくテクニックが教えられることはあるし，就職活動の試験対策講座や本も，大学の書店にたくさん並んでいる。

　「そこまで研究者が考えることではない，という意見もあることだろう。だけど，人を評価する道具を作り，それが社会で応用されれば，必ず社会的な問題が伴うものだ。そこまでイメージして心理尺度を作ることができたら，いいだろうね」

　予想以上に責任重大なことに思えてくる。私もみんなも，先生の言葉を聞いて頷いた。

　「妥当性というのは『これをすれば終わり』というものではなく，さまざまな観点から測定された内容を検討していくことが重要ということだ。以前も言ったけれど，検討を重ねるほど，妥当だという証拠が積み重なっていくというイメージになる」

　「いつまで経っても終わらないのですか」。私が言う。

　「仮説を立ててその仮説を検証する行為というのは，妥当性の検証にもなるし，通常の研究にもなる」

　「はい。以前にもそのような話がありました」

　私の言葉に，先生が頷く。

　「その境目というのは，実際の研究の中ではとても曖昧だ。自己効力感と自

尊感情と楽観性の関連が検討されたときに，たまたま自己効力感の尺度が新しく開発されたら妥当性の検証という文脈で論文が書かれるかもしれない。だけど，ひとつ前の研究で自己効力感の尺度が作られていたら，『まだ自己効力感，自尊感情，楽観性の関連が検討されていないから関連を確認する』という，尺度の妥当性とも通常の仮説の検証研究とも区別がつかないような研究になるかもしれない。また，その自己効力感の尺度がすでに定着している状況なら，『自己効力感，自尊感情，楽観性の関連を検討することで，ポジティブな自己認識の構造を再検討する』といったように，まったく新たな研究へと発展していくかもしれない」

「同じことをしていても，文脈によって研究の内容は変わっていく」。私は言う。これも，この授業で何度か出てきた観点だ。

「うん。そういうことがありえる。ということは，作成された心理尺度は，研究の中で何かの仮説を検証するのに使われるたびに，妥当性が検証されるようなものだとも考えられる」

「使われれば使われるほど，妥当性の確信度のようなものが高まっていくのですね」

「実際，研究の中では，研究者が使ってみて『あれ，なんだかおかしい結果だな』と思わせるような尺度は，しだいに使われなくなっていく傾向がある。多くの研究者が多くの研究で使う尺度というのは，それなりに『研究者たちが望む結果』をもたらす『道具』だといえるのだろう。道具は，使われてこそ価値がある」

心理尺度も一種の研究のための道具なのだから，多くの研究で使われることで価値が出てくるということか……。なるほど。

「ただし，メシックの妥当性の範囲は広すぎるという批判もあるみたいだね。もっと妥当性をシンプルに考えるべきだと提唱している研究者もいる。妥当性のことをどう考えていくかという問題は，なかなか奥が深いね」

難しい問題だな……。

「僕が大学院生の頃は，『よくわかっていないのに気軽に妥当性という言葉を使うものじゃない』なんて言われたりしたものだ。研究の中では，注意して使いたい言葉のひとつだね」

確証バイアス

　ゼミの授業が終わった。

　校舎から出ると，いつの間にか天気は曇りになっていた。雨の予報だったけれど，奇跡的にいまは止んでいる。

　それから今日も，阿川さん，あおい，倉田君と一緒に夕食の約束をしている。待ち合わせ場所になっている大学前のバス停に向かう。また雨が降り出す前に，どこかのコンビニでビニール傘を手に入れよう。

　「確証バイアスだったね」。阿川さんが言う。

　授業の前に倉田君が言っていたバーナム効果のことだな，とすぐに気がついた。

　「そうだね。誰にでも当てはまることを言って，どこかが合っていると，『当てはまった』というように思っちゃう」

　「誰でもある程度は当てはまる言葉を使っているから，それは違う，という反証を考えるのは難しそう」

　「ますます言われたことをそのまま信じちゃうかもしれないね」。私は，授業中に行った，数字のゲームを思い出しながら言った。

　「今日の倉田君の話と，江熊先生の話を聞いていると，だんだん何を信じたらいいのか，わからなくなっちゃいそう」

　「でも，これから倉田君に会ったら，確証バイアスの話ができそうだね」

　「そうだよね。数字を出して，どんなルールに当てはまっているかを当ててもらおうか。授業のときの江熊先生みたいに」。阿川さんが笑いながら言う。

　「ねえ，こうしたらいいんじゃない？ 出題者が何かのルールを考えておいて，みんなで数字を出して当てるゲームにしたら，楽しそう」

　「庭瀬さん，それ，やってみようよ。面白そう」

　私たちは，バス停で待っているあおいと倉田君を見つけて，大きく手を振った。

第9週　たいけつ

　土曜日の午後。私はあおいに倉田君，阿川さんと一緒に，大学の講堂に来ている。

　先日，江熊先生も今日のイベントに誘った。「そこまで言うなら……」という返事だったので，私の隣の席に来てくれるはず。

　今日は，カルトマンテ主催の舞亜矢のショーが開かれる。テレビにもよく出演している人のショーだし，一般にも開放されていることから，ほぼ満席の状態。チケットもすぐに売り切れてしまったのだという。カルトマンテの内藤さんは，チケットを手に入れようかと言ってくれていたけれど，倉田君が私たち5人分のチケットを手に入れてくれた。

　「発売日の発売開始時間すぐにアクセスしたらかね」

　倉田君は，そう言っていた。私たち5人は，前から6列目中央のブロックに横並びに並んでいる。

　「いい席を取ってくれて，ありがとう」。私は倉田君にお礼を言った。

　「1人一席の指定席だから，ネットでみんなの名前を入力するのが面倒だったよ」

　あと5分で開演というところで，江熊先生がやってきた。

　「ああ，この座席だね。間に合ってよかった」

　そう言いながら，江熊先生は私の右隣，通路すぐの座席に座る。

　「先生は，舞亜矢さんのことを知っているのですか？」。私は先生に尋ねた。

　「ん？ ああ，まあね」。あまりはっきりとした返事ではなかったのだけれど，知っているようだ。先生もテレビ番組を見ているのかな。私はあまりテレビ番

組を見ないので，舞亜矢のことはよくわからない。

ショーの始まり

　会場全体が暗くなる。音楽が流れはじめると，会場がますますざわつきはじめた。

「いつものテレビ番組の音楽だからだよ」

　私の左隣に座っているあおいが教えてくれた。

　幕が上がり，中央に照明が当たる。壇上はシンプルそのもので，テーブルがひとつと，その上にいくつかの道具が載っているだけ。

　スポットライトに照らされ，舞台の上手から舞亜矢が登場する。目鼻立ちがはっきりしていて，いかにも芸能人といったイメージ。

「あれ，舞亜矢って男の人だったの？」。私があおいに尋ねる。

「ミライ，そんなことも知らなかったの？」と，逆に聞き返されてしまった。

　舞亜矢という名前の音を聞いて，文字を見て，すっかり女性だと思い込んでいた。自分の思い込みが崩された瞬間を体験したようだった。

　壇上の中央に進み出た舞亜矢は，会場全体を見まわしながら，静まるのを少し待つ。何歳くらいだろう。若く見えるけれど，40代半ばくらいだろうか。江熊先生と同じくらいかな。細身で身長が高く，高級そうな黒いタキシードに，胸に挿したバラの花がよく似合っている。

「みなさん，ようこそお越しくださいました。今日は少しだけ不思議な世界にご招待したいと思います」

　壇上の舞亜矢は，早口でどんどん話を進めていく。演技をする様子でもなく，淡々と自然体で説明をしていくのだが，とても話の内容を聞き取りやすい。講堂に集まっている人々の注意を一気に引きつけるような魅力が感じられる。最近起きた事件の話題や，自分がテレビ番組に出演したときの話などを展開しながら，会場の笑いを誘っていく。なかなかの話術だ。

　こういったショーではよくある演出じゃないかと思うのだけれど，観客を壇上に上げるパフォーマンスが始まる。舞亜矢は舞台を下りて会場内を歩き，観

客に声をかけていく。

　1人目は，ネクタイをしたサラリーマン風の男性が舞台に上がった。舞台上でいくつか会話を交わす。「気をつけてくださいね。どこかお体が悪いように見えます」……短い会話の中で，このサラリーマンの最近の悩みがこの春に受けた健康診断の結果だということが言い当てられてしまう。さらに，男性が壇上から降りようとしたときに「あ，忘れ物ですよ」と，ハンカチを差し出す。男性のハンカチのようだ。いつの間にどこから抜き取ったのか，まったくわからなかった。こんなこともできるんだ……。会場からは大きな拍手が沸き起こる。

　2人目。舞台に上がったのは，たぶんこの大学の学生。金髪に派手な赤色のスカートをはいた女性だった。舞亜矢と女性は，テーブルをはさんで向かい合う。ステージ上にはカメラマンがいて，その様子を撮影する。撮影されたアップの画面が，会場の大きなスクリーンに映し出されている。テーブルの上には，10円玉と100円玉が置かれている。舞亜矢はその女性がどちらを手の中に持つのかを当てるのだという。「握りましたね。10円を握っていませんよね」。舞亜矢が言うと，「はい，10円です」と女性が答え，拍手が起きた。次に，舞亜矢は女性が頭に思い浮かべる図形を当てるという。「簡単なものでかまいま

せん。四角形でもいいですし，三角形でもクロスした十字型でもいいですね。ぱっと思い浮かんだ図形を描いてみてください」。舞亜矢がよそを向いている間に，女性は紙に図形を描く。「普通に当てても面白くないので，こうしましょう」と舞亜矢が言う。左の胸ポケットに，ショーが始まる前にあなたが描く図形を予想して描いた図形の紙が入っていると言う。紙を取り出すと，その図形は女性が描いたハートの図形と同じだった。大きな拍手。

　「ではここで，5人の方に壇上に上がってもらいましょうか」

　舞亜矢はそう言うと，舞台から客席に下りてきた。周囲を見まわしながら，「あなた。いかがですか。舞台に上がってみませんか」と声をかけていく。1人目はいちばん前の座席に座っていたサラリーマン風の男性。2人目は，そのそばにいた中年女性。

　通路を歩く舞亜矢が近づいてきた。「では3人目。どうですか？」と差し出された手は，私に向かっていた。どうしよう……。

　「え，私ですか」と答えると，「ええ。もちろん無理にとは言いませんが，ぜひ」と言われてしまう。

　「ミライ，行きなよ。こんな経験，そうそうできるもんじゃないよ」。隣にいるあおいが耳元でささやく。

　ふと右側を見ると，江熊先生の肩がゆれている。笑いをこらえている様子。

　もう，しょうがない。意を決して立ち上がる。

　「ありがとうございます。では，こちらへどうぞ」

　私は舞亜矢のあとについて，舞台の上に上がった。

ウソつきは誰だ

　壇上では，1人ずつ名前を尋ねながら，短い会話が交わされる。

　「3人目の方です。お名前は」

　「庭瀬ミライです」

　「ミライさん，と呼ばせてもらってもよろしいですか」

　私は頷く。

「学生さんですか」

「はい。この大学の学生です」

「何年生ですか」

「3年生です」

「ということは，専門の勉強をされていますよね。何を専攻されているのですか」

「えっと，心理学です」

「それは困った。私のショーの秘密も当てられてしまいそうですね」

「いえ，そんなことは……」

「少し緊張されているようですね。大丈夫ですよ。気持ちを楽にしてください」

「はい」

「では，よろしくお願いします」

何気ない会話なのだけれど，テンポがよく，観客を飽きさせない。

5枚のトランプのカードが出されて，シャッフルされた。壇上に出てきたうちの1人も，カードを混ぜるのを手伝う。混ぜられたカードを，1人1枚引いていく。

「私に見せないようにしてください。あ，カードの裏でわかってしまうと困りますよね。マジック用のカードだとそういうことがあるかもしれません。私に見えないように，カードの表を確認してください」

私たちは，舞亜矢に見せないようにカードを確認する。私のカードはジョーカーだった。

「この5人のうち4人は，エースのカード，1人だけはジョーカーを持っています」

舞亜矢がそう言った瞬間，心臓がドキッとした。私だけジョーカーだ。

「これから1人ずつ，『あなたが持っているカードはジョーカーですか』と聞きますので，みなさん『はい，私が持っているのはジョーカーです』と答えてください」

1人ずつ答えていく。

3人目。私の番が来た。「あなたが3番目です。あなたが持っているカード

はジョーカーですか？」

「はい，私が持っているのはジョーカーです」。本当のことを言っているのに，緊張してしまう。でも，それを悟られないように気をつけて答えた……つもり。

全員が答える。

「1人だけ本当のことを言っていますね」

舞亜矢は順番に顔を見ていく。

「3番目のあなたですね」

こちらに手を差し出した。その手にカードを渡す。拍手が起きる。

私は，何が起きているのかよくわからないまま立っている。

「ミライさんには，もう少し残っていただきましょうか。残りの4名のみなさんは，ありがとうございました。お土産といっては何ですが，カードは記念にお持ちください」

4人は壇上から去っていった。私だけが残される。

「ミライさん。あなたにもカードをどうぞ」

舞亜矢が私をエスコートして，舞台の前方に連れていく。そのとき，耳元でささやく。

「ミライさん。あなたがどこの出身なのか，みなさんに知らせることになりますが，かまいませんか」

「え，はい。大丈夫です」

「ありがとうございます」

え，どういうことだろう。まだよくわからない。

舞亜矢は歩きながら，私が引いたジョーカーの説明をする。

「昔，トランプのユーカーというカードゲームがはやったとき，第3の切り札として導入されたのが，ジョーカーというカードだったそうです」

いろいろな話がちょっとした合間に入ってくる。博識な様子に感心してしまう。

「さてみなさん」。舞亜矢が観客に向かって話しはじめる。「残っていただいたのは庭瀬ミライさん。この大学の3年生の学生さんです。大きな拍手を」

会場から拍手が聞こえる。

「ミライさん。これから，あなたがどこのご出身かを当ててみたいと思いま

す」

「はい」

「そういえば，方言はほとんどないように思えますね」

「そうですか」

「ええ。ふとしたところに方言が出ることがありますよね。ちなみに青森県では，ひとつの県の中に3つの方言があって，ずいぶん違う言葉が話されているそうですよ。ミライさんとたくさん会話をしてしまうと，それでどこが出身なのかわかってしまいそうです」

そんなにはっきりとわかってしまうだろうか……私は両親とも，私が生まれた県の出身ではないので，方言はそんなにはっきりとはしていないはず。

「普通に当てても面白くないので，ミライさん自身に当ててもらうというのはどうでしょう」

私は自分で自分の出身はわかっているのに，当てるというのはどういうことだろう。

「47枚の都道府県が書いてあるカードがあります」

舞亜矢はそう言うと，ジャケットの内ポケットからカードの束を取り出した。観客にも1枚1枚に都道府県が書かれていることを見せる。

「このカードの中から，ミライさん自身にカードを選んでもらいます。ただし，ミライさんはどうやらこの県の出身ではないようなので，愛知県のカードは除いてしまいましょう。これでカードは46枚になります」

カードがテーブルの上に，裏向きに並べられる。

「2つの山に分けてしまいましょうね」

カードが2つの束にまとめられる。23枚ずつの束。「どちらを選びますか」と言われたので，なんとなく左側の束を指さす。

「こちらですね」と言って，左側の束が残され，また2つのカードの束になる。11枚と12枚。適当に，右側のカードの束を指さす。

「残りは12枚ですね。これも2つに分けてしまいましょう」

6枚ずつのカードの山に分けられた。またなんとなく，右側のカードの束を指さす。

「残り6枚です」

舞亜矢は，カードの束を手に取る。

　「ご自分の出身地を頭の中にはっきりを思い浮かべてください。そうすると，なんとなく当たっているカードが『ここだよ』と教えてくれるのです。6枚のカードがあります。上から何枚目がご自身の出身でしょうか」

　舞亜矢はカードを私の目の前に持ってくる。

　「ちなみに，ご出身はどちらですか」

　「岡山県です」

　「いいですね，岡山県。私も3回ほどかな，訪れたことがあります。白桃やマスカット，きびだんごも美味しいですよね」

　舞亜矢はそう言うと，私の目を見る。

　「1でも4でも6でも，いくつでもいいですので，思い浮かんだ数字を言ってみましょう」

　なんとなく思い浮かんだ数字……「3です」

　「3番目ですね」

　舞亜矢が3番目のカードをめくると，そのカードには『岡山県』と書かれていた。

　「見事に当てましたね。すばらしい。みなさん，ミライさんに大きな拍手を」

　満場の拍手を浴びる。

　「ありがとうございました。では，座席にお戻りください」

　舞台を下りて自分の座席に戻る。緊張していたのか，まだ，何が起きたのかよくわからない状態だった。

　「ミライ，よかったよ。見事に当てたね」。座席につくと，あおいが隣から話しかけてきた。

　「まだ，なんだかよくわからない……」。私はまだ緊張していた。

　先生の顔を見ると，目が合った。

　「頑張ったね」。やっぱり笑いをこらえたような表情をしていた。

　このあともショーは続き，なんとも不思議な現象を堪能して，観客たちも満足したショーが終わった。

　私は，舞台に上がった緊張が残った感覚が続いていた。

　江熊先生が「じゃあ，これで」と去ろうとする。

私は，このタイミングを逃してはいけないと思って，声をかける。

「先生，研究室にお邪魔してもいいですか。ご相談したいことがあります」

「今日はこれからしばらく研究室にいるから。いつでもどうぞ」

「では，あとでお邪魔します」

研 究 室

江熊先生の研究室の扉をノックする。

「どうぞ」

声が聞こえたので，「お邪魔します」と扉を開ける。

ソファに座るように促されたので，「失礼します」と腰を下ろす。

「相談っていうのは，何かな」

ここ最近，思っていたことを口にする。

「じつは，大学院へ進学したいと考えています」

その言葉を聞くと，先生は少し考えるそぶりをした。

「無理でしょうか」。私は心配して言う。

「いや，そんなことはないよ。庭瀬さんならきっとうまくやるだろうね」

私は，ほっとする。

「だけど，進学するならこの大学じゃなくて他の大学，たとえばN大学のほうがいいだろうな」。江熊先生は言う。

「N大学……先生の出身大学ですね」

「それから，君のお父さんと，お母さんもね」

突然，私の両親が出てきたので驚いた。江熊先生は，私の父である庭瀬翔一のサークルの後輩にあたる。母の純子は，とある事件をきっかけにして，江熊先生と父に出会った。

「先生は，父のサークルの後輩だと聞きました」

「謎解きとかミステリとかパズルが好きな学生が集まるサークルだったね。君のお父さん，庭瀬翔一さんは先輩で，お母さんの純子さんと一緒に，研究不正をめぐるある事件に巻き込まれてしまった。結果的に，君のお父さんは岡山

県の大学に就職したんだよね。だから今日舞台に上がったショーのとおり，庭瀬さんは岡山県生まれだ」

「はい」

「しばらく連絡をとっていなかったんだけど，君が入学するときに2人から連絡をもらったんだ。ずいぶん久しぶりだったこともあるし，君がこの大学に入学すると聞いて驚いた」

「それで，入学したときから先生は私のことをご存じだったのですね」

「だからといって，特別扱いはしないようにとも言われていた。結局，君自身がどんどん積極的に学んでいくようになった。だから，大学院への進学も向いていると思うよ」

先生はそう言った。認められたようで嬉しい気持ちになる。

「でもやっぱり，ここではなく他の大学に進学したほうがいいのでしょうか。先生に指導してもらいたいという気持ちもあります」

「大学院を修了したあと，どうしたいと考えているのかな」。先生が尋ねる。

「博士課程に進んで，できれば研究の道に進みたいと……」

「であれば，なおさらN大学に行くべきだね。その他の大学だったとしても，研究者を多く送り出している大学院へ進学するほうがいい。大学院に進学したあとでも，連絡をくれればいつでも研究の相談に乗るよ。学会で会うこともできるしね」

「わかりました。前向きに考えてみます」

「大学院に進学するなら，指導してもらいたい先生を探して事前に連絡をとるといいね。学部生のうちから学会には参加できるだろうから，参加して研究の様子を見て，直接話をしてみるのもいい」

新たな目標ができた気がする。

「ところで先生，今日のショーについてなのですが……」

先生の意見を聞いてみたいと思った。今日のショーは，気になることばかりだ。

QRPs

突然，扉がノックされる。

江熊先生が返事をする間もなく，勢いよく扉が開けられた。

「トオル，元気か？」

入ってきたのは，さっきまで講堂でショーを行っていた，そして私を舞台に上げた，舞亜矢だった。服装はジャケットとスラックスの普段着に着替えていたけれど，舞台の上で見たと同じ不思議な雰囲気を感じさせる。

私は，舞亜矢の突然の登場にとても驚いた。それに，どうして先生と親しげなの？

「なんだお前か。久しぶりだな」

先生も舞亜矢のことをよく知っていそうだったので，さらに驚く。

「久しぶりって，さっき会場の座席にいたじゃないか」

「話をするのが久しぶりっていう意味だよ」

「それもそうだ。研究室まで来るのは何年ぶりかな」

舞亜矢はそう言うと，研究室の中を見まわしながら，私の向かい側にあるイスまで歩いてきて腰かける。私は唖然として，2人の様子を交互に見つめていた。

「ほら，お前が説明しないから，庭瀬さんも困っているじゃないか」。舞亜矢が江熊先生に向かって言う。

「……高校時代からの悪友なんだよ」。江熊先生が苦々しい顔をしながら言う。

「高校時代に大学もね。同じサークルだったしな」

え？ということは……「じゃあ，私の父も」

「やっぱり君は翔一先輩の娘さんだったのか。もちろん君のお父さんのことは知っているよ。お世話になったしね」

「いったい，いつから私のことを知っていたのですか……？」

舞亜矢は，私の顔をじっと見る。

「いつから知っていたか……か」

「座席に座る前からだろ」。江熊先生が言う。

「お前にはかなわないな。気軽にネタばらしはしたくないんだけどなあ」

「座席に座る前からって，どういうことですか」

　私は舞亜矢に尋ねる。どういうことだろう。

「座席はすべて1人一席の指定席で，めぼしい観客がどこに座るかは，事前にわかっている。庭瀬さんの情報は，おおかたカルトマンテのメンバーから聞いていたんだろう」。江熊先生が言う。

「今回はたまたまね。庭瀬さん，カルトマンテの勧誘イベントに参加したよね。そこでアンケートに答えたでしょう。もちろん，出身県も」

　たしかに書いた。でも，そんなところで手に入れた情報を，そこで使うの？

「この大学に岡山県出身の学生というのは珍しいからね。今日はちょっと協力してもらいました。ありがとう」

　そう言うと，舞亜矢は私に向かって少し頭を下げる。そして当然という口調で，次のように言った。

「使える情報は何でも使うよ。それが商売だからね」

「ホット・リーディングだな」。江熊先生が言う。

「ホット……なんですか？」。私が不思議そうにしていると，舞亜矢が説明してくれた。

「ホット・リーディングだよ。事前に手に入れておいた情報を隠しておいて，あたかもその場で相手のことがわかったかのように振る舞うこと。うまく演技すればこちらのことを信用してくれるようになる」

「私の情報はずいぶん前から知られていたのですね」。騙されたような気分になって，少しだけムッとしてしまった。

「ほんの一部だけね」。舞亜矢は私に向かってウインクをした。その表情を見て，力が抜けてしまう。これも舞亜矢のテクニックだろうか。

「情報を管理するスタッフくらい，お前の事務所にいるんだろ」。江熊先生が言う。

「それも企業秘密だって」。舞亜矢が笑いながら言う。「まったく。そういうことを大学の授業でべらべらとしゃべったりしていないだろうな」

「しないよ。仕事に関しては，お互いに干渉しないのが約束だろ」。江熊先生が言う。

「だから，お前を舞台に上げたりはしない」

「上げたらどうなるかわかっているよな」

「ああ。そんなショーを台なしにするような恐ろしいことはしないよ」。手の
ひらをひらひらと振りながら舞亜矢が言う。

「でも今日，僕のゼミ生の庭瀬さんを舞台に上げたじゃないか」。少し憤り気
味に江熊先生が言う。

「いや，こちらにはその情報はなかった。この大学に翔一先輩の娘さんがい
て，しかもそれがお前の指導生だっていうのも，ちょっとできすぎじゃない
か」

「それもそうだな」。江熊先生が同意する。

「それに，事前の情報が十分になくても，ショーはうまく組み立てるよ」。舞
亜矢が自信たっぷりに言う。

「そして情報があれば，あたかもその場で仮説を立てて検証するかのように
振る舞うんだな」。江熊先生が言う。

「そういうことだね。似たようなことは，研究でもやることがあるんだろう」
舞亜矢が言うと，先生は「あー」と声を出した。

「HARKing（ハーキング）か。Hypothesizing After the Results are Known の頭文
字でハーキング。分析して結果がどうなっているかがわかっているのに，あた
かもその結果に合うように仮説を書いて，検証したかのように論文を書いてい
くことだな」

「それだよ。問題になっているんだろ」

「ああ。実験や調査をする前に仮説を立てて，それを検証するのが本来の姿
だからな。もっとも昔の研究では，結果を手に入れてからうまく論文のストー
リーを組み立てることが推奨されてもいた。研究の世界にも，いろんな問題が
あってね」

そういう言葉があるのも知らなかった。HARKing（ハーキング）というんだ
……。

「僕らは同じ方法を使って，観客を楽しませるだけだよ。事前に情報を知っ
ていれば，あたかもその場で仮説を検証するようにストーリーを組み立てる。
ほら，研究と同じだろ」

舞亜矢は，私に向かってウインクをする。私は，目のやり場に困ってしまう。
　「今日のショーでは，コールド・リーディングも使っていたな」と，江熊先生。
　「コールド・リーディングとは何ですか？」。私が尋ねる。
　「ショーの最初に，男性を舞台に上げたのは覚えているかな。そこで会話をしながら，相手が不安に思っていることを当てていったよね。そこでも使った，ちょっとしたテクニックだよ」。舞亜矢が言う。
　「誰でも当てはまるようなことを言って，あたかもその人だけに当てはまったかのように思わせるやり方だな」。江熊先生が補足する。
　「心理学にはバーナム効果っていうのがあるよね」。舞亜矢がその言葉を言ったとき，私はドキッとした。倉田君が言っていた言葉だ。
　舞亜矢は続ける。
　「誰にでも当てはまるような言葉を並べることで，自分だけに当てはまると錯覚してしまう効果」
　「まさにコールド・リーディングはこの応用だな。もっとも，バーナム効果の研究よりもコールド・リーディングが応用されてきた歴史のほうがずっと長いけどね。そして，言われた人がいったん『当たる』と思えば，次からは当たる例をどんどん探していく。これは確証バイアス。ひとつ信じさせることができれば，ショーは成功したようなものなんだろう」。江熊先生が言う。
　これまで学んだことが，次々と出てくる……。
　「まあ，実際にはうまくいかない可能性をつぶす努力をするんだよ。頭を使ってね」。舞亜矢は頭をトントンと指さしながら言う。「相手を観察して，どの言葉を投げかけるかは慎重に選んでいくんだ。観客からは，そうは見えないようにね。今日のお客さんは中年期の男性だった。スーツを着ていたけれど，やや太めで体重も重そう。健康診断の結果を見れば，中性脂肪や血圧が引っかかる確率は高いだろうなあ。そのあたりは，高度なテクニックを駆使していると言ってほしいね」
　「技術を駆使してショーをしているということは，理解しているつもりだよ」。江熊先生は言う。
　「それはありがたい」

「そうだ。否定疑問文も使っていたな」。江熊先生が言う。

「絶対に当たるからね」。舞亜矢が答える。

「あの……否定疑問文というのは，どういうことでしょうか」。私は，言っていることがわからず尋ねる。

「たとえば『あなたには，弟さんはいませんよね』だよ」。江熊先生が言う。

「それの，どこがテクニックなのでしょうか……」

私はよくわからなかった。そんな私の様子を見て，舞亜矢は言う。

「庭瀬さん。あなたに弟がいても『はい，います』と答えるし，いなくても『はい，いません』と答えるよね」。舞亜矢がにこにこしながら言う。「うまく質問すれば，答えがどっちでも，『はい』と答えさせる質問をすることができるんだよ」

「ああ……なるほど」。言われてはじめて気づいた。そして，最初にカルトマンテの体験に行ったときにも，その聞き方をされた記憶がよみがえってきた。最初から，これが使われていたんだ……。

「コールド・リーディングに加えて，ショットガンニングも使っていたように見えたな」。江熊先生が言う。

その言葉に，舞亜矢が笑いながら，私に向かって説明する。

「ははは。ショットガンニングというのはね，たくさんの人に当てはまる言葉を，矢継ぎ早に次々と投げかけていくことなんだ。言っていることが外れても問題はない。実際，まったく問題はないんだよ。今日だって，僕が言ったことはいっぱい外れているからね。でも，そのうちひとつ，できればいくつかのことが当たれば，本人も観客も『当たった。すごい』と実感できる」

たしかに早口だと思っていたが，聞きやすい声だったし，そんなことになっているとは，まったくわからなかった。これも舞亜矢の話術なのだろうか。

「研究の世界にもこれと同じことがあるんだろ」と，江熊先生に向かって舞亜矢は言う。

「p-Hacking（ピー・ハッキング）のことか。そうかもな」。江熊先生が答える。

「先生，p-Hacking とは何ですか？」

「いろんな方法があるんだよ。たとえば，20 人を対象に実験をしたとしよう。分析をすると，ぎりぎり 5% 水準で有意な値が出なかった。そこで，対象

者をあと10人追加して実験を行った。そしたら，有意確率は5％を下まわって，研究を発表することができた。サンプルサイズを大きくすれば，小さな差でも簡単に有意水準を下まわるからね」

「それなら，同じ実験を違う人々の集団にどんどん繰り返して，たまたま統計的に有意な結果だけを発表してもいいんじゃないか。ショットガンニングにそっくりだ」。舞亜矢が言う。

「それも *p*-Hacking の例だな。他には，たくさんの心理尺度を入れて調査を行って，データを分析してみて，たまたま関連があったところだけを発表する，というのもあるね……これもショットガンニングそっくりだな。それから，最初の分析方法ではうまくいかなかったけれど，分析方法を変えて何度も分析してみると，よさそうな結果を手にすることができた，とかね」と，江熊先生。

「どれも，研究としてはやってはいけないことなのでしょうか」。さっき，大学院への進学の話をしていた私にとっては，とても大切な話に思えてきた。

「たまたま統計的に有意になったことだけを発表していたら，真実に近づくことはできないだろう。科学的な研究にとっては，現象の理解の妨げになってしまう」

たしかにそうだ。自分が研究をすることだけを考えれば，統計的に有意な望ましい結果を報告したい。けれど，学問全体を考えると，それは有害な行為になってしまう。

「自分の説に都合のいい結果ばかりを集めて論文を書いてしまうことがあるかもしれない。これを，チェリーピッキングと言う」

「研究をするときに気をつけます……」

「それもコールド・リーディングと同じようなものに聞こえるね」。舞亜矢が言う。

本当に，研究をするなかでもいろいろな問題があるんだ……。

「これだけじゃなくてね」。江熊先生が言う。「研究を行うときに望ましくない行為をしたり，研究不正をしたりすること全体を指して，QRPs（Questionable Research Practices）という。心理学の中で QRPs が話題になったのは，ダリル・ベムという有名な社会心理学者が行った研究がきっかけだった。ベムは未来を予知することができるという実験を行って，有名な心理学の雑誌に論文を掲載

したんだ。でも他の研究者たちは，ベムの実験結果を再現することができなかった。どうしてそういう研究が成り立ったのか，どうして論文が採択されたのか。そして，研究のプロセスが見直されるきっかけになっていった」

「ははは。超能力の研究か。面白い。僕はまさに，QRPs をしてお客さんを楽しませる仕事をしていると言えそうだね」。舞亜矢はまた，私に向かってウインクをした。やっぱり，目のやり場に困ってしまう。

「先生，QRPs に対処する方法はないのですか」。私は先生に尋ねた。

「故意に研究不正を行うことは，まず根本的にしてはいけないことだよね。あと大事なことは，記録をしっかりと残しておくことだろうな。いろいろな研究の手続きがブラックボックスになって説明がつかなくなると，問題が生じやすくなる。もちろん，記録するときには正直にね」

「それは困るなあ。それをされると，僕の仕事はやりにくくなる。テレビ番組や配信動画の撮影をされるときは，慎重にネタを選ぶよ。記録が残っても大丈夫なようにね」。舞亜矢が笑いながら言う。

「自分が不正をしていると意図していなくても，研究をなんとか進めようとするなかで QRPs に手を染めてしまうことがある。その防止策としては，研究の事前登録（pre-registration）だろうね。プレレジともいわれる」

「事前登録，ですか」。私が言う。

「研究を計画して，目的を設定して，調査や実験を計画して，どんな方法で分析をするつもりなのか，すべて記録しておくんだ。インターネット上に，記録していくサイトがある。そこでは，すべていつ誰が書き込んだのかが記録されていく。そして事前に記録された内容が公開される」

「そうすれば，あとからあれこれ分析しても，『これはあとから追加されたものだ』とはっきりするのですね」。私が言う。

「そう。プレレジをしたからといって，そこから外れるのがダメということじゃない。記録しておくことに価値があるんだ。あとから分析を追加したなら，それをはっきり論文に書けばいい」

「そんなことをされたら，ますます僕の仕事が成り立たないことになるね」。舞亜矢が微笑みながら言う。「手続きがすべて記録されてしまったら，謎も不思議なこともなくなってしまう」

「研究の世界と，お前の世界を分けるひとつの有効な方法なのかもしれないな」。江熊先生が舞亜矢に向かって言う。
　「でも，それがあるべき姿だな」。舞亜矢が答える。

ネタばらし

　「でも，どうして，私はカードを当てることができたのですか？」。私は，舞亜矢に尋ねた。
　「それを僕に聞く？　でも，不思議で楽しかったでしょう」
　「プライミング効果を使って，選択の確率を高めたんだろ」。江熊先生が口をはさむ。
　「ああ，もう。しょうがないなあ」。舞亜矢は江熊先生のほうを見て，あきれた雰囲気で微笑む。「僕の商売は，使える情報は使うし，マジックのようなトリックのタネを使うこともある。でもそれに，心理学で研究された知見を応用して，人を誘導したり，混乱させたりするんだ。それを組み合わせるのが，僕がやっていることの本質だね」
　心理学が関係するんだ……。
　「じつは，庭瀬さんが舞台に上がるところから仕掛けがスタートしているんだよ」
　「え？　そうなのですか」
　「庭瀬さんは3番目に壇上に上ったよね。それから大学の3年生だと聞いた。僕は知っていたけどね。カードを引いたのも3番目。青森県には3つの方言があって，僕が岡山県を訪れたことがあるのは3回。そして，何度も庭瀬さんの前で，手を広げるときには指を3本見せるようにしていた」
　「ぜんぜん気づきませんでした」
　「気づかなくていいんだよ。心理学の研究では，先に示される刺激が，後の処理を活性化させるといわれている。これをプライミング効果というんだよな」。舞亜矢は江熊先生に確認する。
　「そうだ」。先生は答える。

「僕は，研究そのものの内容は十分にわかっていない。でも，これまで人々の前でショーを何度も繰り返してきた。その経験からも，事前に何度も情報が提示されると，その提示された情報に影響を受けて，人々の選択は変わっていく」

「私が3枚目のカードを選んだのも，その影響……」

「そして数字を聞くときは，『1でも4でも6でも』とさりげなく言っておいた。そうすると，多くの人はその数字を避けようとする。庭瀬さんも僕が言った数字を避けようとしたんじゃないかな。それで，2か3か5を選びやすくなる」

「本当に，ぜんぜん気づきませんでした……」

「ははは。気づいてもらっちゃ困るんだよね。ああ，ただし，絶対そうなるというわけじゃないよ。確率から言えば7割くらいかな」

「もし違う数字を言ったら，どうなっていたんだ」。江熊先生が尋ねる。

「すべて手は打ってあるから問題ない。どの数字が出ても，その場で柔軟に切り替えて，何も問題がなかったようにショーを進めるよ」。舞亜矢はあたりまえのように言った。

┃ サークル

「お前，サークルの指導をしているんだろう」。江熊先生が舞亜矢に尋ねる。

「ああ」

「どうしてカルトマンテで教えることになったのですか」。私が尋ねる。

「N大で学生時代にお世話になった先生が退職後，この大学の教授になっていたんだ。それで，こういうサークルがあるから教えてくれないかと言われてね。当時の僕は，まだアマチュアだった」

「そういうつながりがあったのですね」

「もうその先生は退職してしまったし，僕もこの仕事が忙しくなって，いまでは年に1回か2回来て，様子を見たり少し教えたりする程度だね」

私は，少し気になっていたことを舞亜矢に伝えることにした。

「じつは，友人がカルトマンテの人に占ってもらったんです」

その言葉を聞いて，舞亜矢の笑顔が消え，真剣な表情になる。

「たまたま彼女はアルバイトで悩んでいることがあって。そのとき，悩んでいると見抜かれて，上司とうまくいくとか，友人が鍵になると言われて……」

「それで，実際にうまくいったのかな」。舞亜矢は言う。

「はい。結果的にはうまくいったのですが，少し悩んでしまっていたこともあったので。それに，将来のことを言われて，不安を感じてしまっていたかもしれません」

「そうか。結果的にうまくいったのなら，それはよかった。本当に」。舞亜矢はほっとした口調でそう言う。そして続けた。

「でも，それは僕がやってほしいことじゃない。こういう技術は，他の人を幸福にすること，楽しんでもらうことに使うべきだ。自分の能力を誇示して人を不安に陥れたり，心配させたりしてはいけない」。強い口調で舞亜矢は言った。

「サークルの人は，何度も言い当てることができる体験をしているので，不思議な現象を信じるようになった，とも言っていました」。私は，内藤さんの姿を思い浮かべながら言った。

私の言葉を聞いて，舞亜矢の表情がまた暗くなる。

「コールド・リーディングのようなテクニックは，必ずしもその仕組みを意識して使うとは限らない。試しているうちにいつの間にか，まるで自分に備わった能力のように感じてしまうことがあるんだ。自分でも予想以上に『言い当てた』と思えてしまうからね」

「それも確証バイアスだな」。江熊先生が言う。「じつはコールド・リーディングを使って言い当てる確率が上がっているのに，不思議なことがあるはずだと思っていると，実際に当たるものだからそれを自分の能力や不思議な現象の証拠だと考えてしまう」

「ああ。そういうことはある」。舞亜矢が言う。

「もう少し，ちゃんとサークルを指導したほうがいいんじゃないか」。江熊先生が言う。

「そうだな。自分の忙しさを理由にして，最近は学生たちに大切なことを伝

えていなかったように思う。反省したよ」

　舞亜矢は，私のほうを向く。

　「庭瀬さん。ありがとう。サークルとの関係をもう一度考えてみるよ。自分が指導できなくても，僕が信頼できる人物に指導してもらうようにする」

　「それがいい」。江熊先生が言う。

　「それから今日のネタばらしは，誰にも言っちゃダメだよ」。舞亜矢は私に向かって言う。

　「これくらいのことなら言われても，まだ他の手は山ほどあるんだろう」と，江熊先生。

　「それも内緒だよ」

　舞亜矢は，もう一度私に向かってウインクした。これだけはどうしても慣れないなあ，と思った。

エピローグ

　この地方の梅雨は蒸し暑く，とてもすごしにくい。

　今日も，私は大学の校舎を目指して，坂を登っていく。

　お日様を見ることはとても叶わないけれど，この春から起きたいろいろな出来事になんだか一区切りついたようで，晴れやかな気分だ。

　阿川さんは，アルバイト先できっとうまく立ちまわっていくだろう。

　菊原さんは，これからもどんどん積極的にオーディションに挑戦し，いつも明るい雰囲気で私たちに接してくれることだろう。

　カルトマンテは，どうなるだろう。きっと，いい指導者が来て引っぱっていってくれることだろう。サークルの雰囲気も，変わっていくかもしれない。

　「心理学を勉強している」と誰かに言うと，「考えていることを当ててみて」と言われることが本当に多い。そんな経験をするとき，心理学を勉強している学生たちは，「そういうのじゃないのに」と思うことが多そう。私の友人たちも，そう言っていた。でも，じゃあそんなときにどう言ったらいいのかも，よくわからなかった。

　心を測定するというのは，簡単なことではない。

　そのときに考えないといけないことは，信頼性や妥当性。

　でも，その内容も多岐にわたる。

　心理学はさまざまなことを考えながら，真実に近づこうとしていることがわかった。

　こちらが研究の世界で，あっちがエンターテインメントの世界。

　そんなに境界線は明確ではない。でも，この数カ月の経験で，その境界線がどのあたりにあるのか，どう考えていったらいいのか，ずいぶん見えるようになってきた気がする。

　これから，私はどんな研究をしていくことができるんだろう。

　まだその入り口に立っていて，その中の様子をうかがおうとしている段階にすぎない。

どうなるか不安な気持ちも強い。

でも，とても楽しみにしている自分もいる。

「ミライ，おはよう」

赤い傘を差したあおいが，手を振っている。

「おはよう」

私は歩き出した。

参 考 文 献

Allport, G. W., & Odbert, H. S. (1936). Trait-names: A psycho-lexical study. *Psychological Monographs*, *47*, No. 211.

Bem, D. J. (2011). Feeling the future: Experimental evidence for anomalous retroactive influences on cognition and affect. *Journal of Personality and Social Psychology*, *100*(3), 407-425.

Boyle, G. J. (2008). Critique of the five-factor model of personality. In G. J. Boyle, G. Matthews, & D. H. Saklofske (Eds.), *The SAGE handbook of personality theory and assessment, Vol 1: Personality theories and models* (pp. 295-312). Sage.

チャルディーニ，R. B.，社会行動研究会訳 (2014).『影響力の武器 —— なぜ，人は動かされるのか〔第 3 版〕』誠信書房

藤島善嗣・樋口匡貴 (2016).「社会心理学における "p-hacking" の実践例」『心理学評論』*59*(1), 84-97.

John, O. P., & Benet-Martinez, V. (2000). Measurement: Reliability, construct validation, and scale construction. In H. T. Reis & C. M. Judd (Eds.), *Handbook of research methods in social and personality psychology* (pp. 339-369). Cambridge University Press.

Messick, S. (1995). Validity of psychological assessment: Validation of inferences from persons' responses and performances as scientific inquiry into score meaning. *American Psychologist*, *50*(9), 741-749.

ムカジー，S.，田中文訳 (2016).『がん —— 4000 年の歴史』上下，早川書房

村山航 (2012).「妥当性 —— 概念の歴史的変遷と心理測定学的観点からの考察」『教育心理学年報』*51*, 118-130.

西川一二・雨宮俊彦 (2015).「知的好奇心尺度の作成 —— 拡散的好奇心と特殊的好奇心」『教育心理学研究』*63*(4), 412-425.

Official Website of the World Memory Sports Council http://www.world-memory-statistics.com/home.php（2022 年 2 月 24 日閲覧）

ロドリゲス，R., Jr. (2020).『メンタリズム 最強の講義 —— メンタリストがあなたの心理を操れる理由』日本実業出版社

ローランド，I.，福岡洋一訳 (2011).『コールド・リーディング —— 人の心を一瞬でつかむ技術』楽工社

Rusticus, S. (2014). Content validity. In A. C. Michalos (Ed.), *Encyclopedia of quality of life and well-being research*. Springer.

Salgado, J. F. (2017). Bandwidth-fidelity dilemma. In V. Zeigler-Hill & T. K. Shackelford (Eds.), *Encyclopedia of personality and individual differences*. Springer.

佐藤ブゾン貴子 (2020).『人は顔を見れば 99％わかる —— フランス発・相貌心理学入門』河出書房新社

清水裕士 (2016).「フリーの統計分析ソフト HAD —— 機能の紹介と統計学習・教育，研究実践

　における利用方法の提案」『メディア・情報・コミュニケーション研究』 *1*, 59-73.

新村出編 (1991).『広辞苑〔第四版〕』岩波書店

東洋経済 ONLINE (2008).「実戦！地頭力（中）　行列の待ち時間を計算するには —— 地頭力を
　鍛える」https://toyokeizai.net/articles/-/438（2022 年 2 月 15 日閲覧）

あ と が き

　「ミライ」シリーズも 3 冊目を刊行することとなりました。今回は，心理学や他の研究分野でよく行われる，心理測定尺度を開発する際の信頼性と妥当性の問題，そして問題のある研究実践（QRPs）を取り上げています。そしてこれまでのシリーズと同様に，学生たちや先生との会話の中で，これらのテーマについて説明することを試みています。

　ただし，会話の中で説明をしていくということから，さまざまな制約が生じてくるのも確かです。この制約は自分で課したことでもあるのですが，今回はとくに執筆が難しい部分があり，不十分な説明とならざるをえないところも出てきています。もしかすると「このような説明は適切ではない」，あるいは「この説明は誤っている」という部分があるかもしれません。それはひとえに私自身の力量不足であり，勉強不足のためです。

　とはいえ，執筆を終えたいまとなってみれば，書きたいことはひととおり書いたという充実感と安堵の気持ちが生じているのも確かです。学生たちの悩みや先生との会話，サークルやイベント，ショーの様子を楽しんでいただければ，またそのなかで心理学の研究について少しでも理解してもらえれば嬉しく思います。

　なお，2020 年より新型コロナウイルス感染症（COVID-19）が広まり，大学も学生たちの生活も大きな影響を受けました。しかし本シリーズは COVID-19 の拡大前からつながっている話ですので，このことには触れていません。

　本書をまとめるにあたり，香川大学の岡田涼先生より貴重なご意見をいただきました。また，ちとせプレスの櫻井堂雄氏には本シリーズの 2 作目以降の出版にご尽力いただき，またなかなか完成しない原稿を辛抱強くお待ちいただきました。心より感謝申し上げます。

　そして，少しでも多くの方が本書を手に取って（電子書籍として読んで）いただければ嬉しく思います。

　2022 年 6 月

　　　　　　　　　　　　　　　　　　　　　　　　　　　小 塩 真 司

索　引

● 著者紹介

小 塩 真 司（おしお・あつし）
　早稲田大学文学学術院教授
　2000 年，名古屋大学大学院教育学研究科博士後期課程修了。主著に『性格とは何か —— より良く生きるための心理学』（中央公論新社，2020 年），『性格がいい人，悪い人の科学』（日本経済新聞出版社，2018 年），『パーソナリティ・知能』（共著，新曜社，2021 年），『レジリエンスの心理学』（共編，金子書房，2021 年），『非認知能力 —— 概念・測定と教育の可能性』（編著，北大路書房，2021 年），『Progress & Application パーソナリティ心理学』（サイエンス社，2014 年），『性格を科学する心理学のはなし —— 血液型性格判断に別れを告げよう』（新曜社，2011 年），『はじめて学ぶパーソナリティ心理学 —— 個性をめぐる冒険』（ミネルヴァ書房，2010 年），『大学生ミライの因果関係の探究』（ストーリーでわかる心理統計，ちとせプレス，2016 年），『大学生ミライの統計的日常 —— 確率・条件・仮説って？』（ストーリーでわかる心理統計 1，東京図書，2013 年）など。

［ストーリーでわかる心理統計］
大学生ミライの信頼性と妥当性の探究

2022 年 9 月 10 日　第 1 刷発行

著　者	小塩 真司
発行者	櫻井 堂雄
発行所	株式会社ちとせプレス
	〒 157-0062
	東京都世田谷区南烏山 5-20-9-203
	電話　03-4285-0214
	http://chitosepress.com
装　幀	山影 麻奈
印刷・製本	中央精版印刷株式会社

© 2022, Atsushi Oshio. Printed in Japan
ISBN 978-4-908736-27-8　C1011

価格はカバーに表示してあります。
乱丁，落丁の場合はお取り替えいたします。

ストーリーでわかる心理統計

大学生ミライの
因果関係の探究

小塩真司

「因果関係があるかないかを決めるのは,
予想以上に難しかった」。
原因って,結果って何だろう?